生成式能力工程建设与管理

——企业高韧性与强竞争的必由之路

程旗 袁瑞敏 顾辉 著

国防工业出版社

·北京·

内容简介

企业实现高质量发展，要求建立强大的能力底座。本书从企业高质量发展与能力提升的关系入手，界定了"生成式能力"概念，提出用工程化方式让生成式能力落地的有效路径。本书基于大量国内外实践案例，构建了一套"工程化起点-工程化分析-工程化解决-工程化难点-工程化结果"的能力生成系统框架，拓展了传统关于企业能力建设与管理的内涵边界，在一定程度上用工程化方式打开了能力发展的"黑箱"，克服了以往"核心能力""动态能力"等偏重理论描述和新概念解读、缺少实际落地的不足。本书提出的生成式能力工程建设思路与方法，针对当前企业能力发展的痛点和难点，适合各类企业在能力培育和实践提升中应用，能为企业提供较好的理论指导。

本书内容系统性、逻辑性强，语言通俗易懂，既有一定的学术性，又兼具工程实用性，能对企业实务运作有较强的指导性和操作性。本书读者对象为电子信息、智能制造企业负责人、中高层管理人员。

图书在版编目（CIP）数据

生成式能力工程建设与管理 / 程旗，袁瑞敏，顾辉著. -- 北京：国防工业出版社，2025.5. -- ISBN 978-7-118-13680-7

Ⅰ.F284-39

中国国家版本馆 CIP 数据核字第 20258CW478 号

※

*国防工业出版社*出版发行
（北京市海淀区紫竹院南路23号　邮政编码 100048）
雅迪云印（天津）科技有限公司印刷
新华书店经售

＊

开本 710×1000　1/16　印张 12½　字数 126 千字
2025 年 5 月第 1 版第 1 次印刷　印数 1—2000 册　定价 88.00 元

（本书如有印装错误，我社负责调换）

国防书店：（010）88540777　　书店传真：（010）88540776
发行业务：（010）88540717　　发行传真：（010）88540762

推荐序

为企业能力成长，找一条新路

企业之争，以往是资源和规模之争，如今是能力与创新之争。是否具备独特的能力、能否持续推出创新已成为企业高质量发展的不二命门与根本法则。任何伟大企业的背后，都有一套强大的能力体系作保障，才能源源不断进行创新，否则只能是镜中月、水中花。事实上，中国企业家这些年越来越真切感受到缺乏核心能力之痛，以美国为首的部分西方发达国家对我国进行封锁打压和脱钩断链，就是因为我们在创新链、供应链和产业链的某些环节上能力不足。可以说，外部环境的巨变以及企业高质量发展的要求，让中国企业家对自身能力建设的重视，达到了前所未有的高度。

然而，如何提升能力，并非所有企业家都找到了答案，也没有一种成型的方法可以借鉴。人们虽然认同能力建设的重要性，但"能力"往往看不见摸不着，也不是企业的一种业务职能，因此很难让它切实落地。

于是，破解能力提升与能力落地之间的鸿沟，成为一个亟待解决的时代难题。《生成式能力工程建设与管理》一书正是以此为主题，扛着时代的责任展开持续的研究和探索。

感谢作者的信任，让我先睹为快。通读完这本书，一种欣喜之情油然而生，不仅因为该书逻辑清晰、可读性强，更主要的是我被书中的几个创新点深深吸引，反复阅读数遍，在此郑重向读者推荐。

首先，该书提出用"工程化"的思维进行企业能力的建设与管理。将一种以往应用于"硬科学"的方法体系移植到"软科学"的场景下，看似是一种跨界思维，实则是找到了能力建设与管理的关键突破点。"能力"是可以专门管理和刻意提升的，而不是"摸不着、看不见"的，这是工程化管理方法应用于能力建设的基础。该书全篇都贯穿着用工程化思维去推动企业能力建设的主线，令人印象深刻，这是一大创新点。

其次，该书提出了"生成式能力"概念，让人眼前一亮。以往人们对能力建设的注意力并没有放在能力如何"生成"上。本书从源头探究能力的生成机制，提出了一个重要观点：只有源源不断地内生出能力，才能让企业获得勃勃生机。以往中国企业喜欢通过并购、外包、合作等方式"短平快"地获得成长所需的能力，但是当今时代的竞争变幻莫测，外部环境难以琢磨，企业只有具备持续的生成式能力，才能以"不变应万变"的姿态站稳脚跟，持续创新。

最后，该书提出了运用工程化方法推动企业能力建设与管理的落地步骤与策略，指出生成式能力工程包括四个方面：工程化起点、工程化分析、工程化解决、工程化结果，分别对应于企业的"能力冲动→能力质变点→能力建设→能力底座"。清晰简洁的逻辑让每家企业都能结合自身的情况制定相应的策略和行动方案，具有很强的实操性。

当然，本书还有一点值得肯定，即参考借鉴了大量中国本土企业案例，在每部分的理论阐释之后都配有相应的企业案例，既生动又有效地向读者传递了生成式能力工程建设与管理的核心要义。在西方管理学的基础上，发掘中国本土企业的能力成长规律、构建中国本土企业能力成长的模型，需要勇气和智慧，本书在这方面为我们树立了一个典范。

总而言之，这是一本值得反复阅读和揣摩的原创著作，更是一本力图实现创新与突破的用心之作。愿每家企业、每位读者都能从中收获自己想要的东西，有所启发和思考，更希望生成式能力工程在发展新质生产力、实现企业高质量发展中得到大家的认同，我想这是作者最大的心愿和感到最欣慰的地方。

为企业能力成长，找一条新路，这就是《生成式能力工程建设与管理》值得我们记住它的唯一原因。

曾勇[①]

2025 年 1 月 15 日

---

① 曾勇：管理科学与金融工程专家，国际欧亚科学院院士，电子科技大学原校长，教授、博士生导师。

前 言

为企业高质量发展打造不凡能力基座

高质量发展要求企业具备一流的能力底座，加快形成新质生产力更要求企业具备底层突破的科技创新能力和先进的管理能力，不断从内部生成适应外部激烈竞争的动态能力，形成主动创新求变的创造力。然而，传统的企业能力打造方法还存在这样或那样的问题，难以满足新时代对企业发展的要求。如何形成能力韧性、提升企业的可持续发展能力，是所有企业家都在思考的问题。正是对这些问题的不断求索，以及笔者在企业实践中对能力认识的逐渐加深，才使笔者萌发了撰写本书的冲动。

笔者在企业实践中一路走来一路思考，既经历了认知上的提升、实践中的成功与挫折，也感受到了时代巨变带来的机遇和挑战。在这个过程中，我们整个团队不断实践，不断学习，再去不断实践和学习……在这样一个循环往复的"实践－学习"过程中，"生成式能力工程"这七个字的轮廓逐渐清晰了起来。

笔者一直在地方国有企业工作，21世纪初开始担任企业下属某个部门的负责人。当时面临的情况是部门能力孱弱、人才队伍匮乏。如何让这个部门活下去而且能最终活得好起来，笔者思考良久。问题究竟出在哪儿？通过深入的调查研究发现，关键不是市场问题、也不是业务问题，而是能力问题。这是笔者最早关注"能力"话题的起因。正是从那时起，笔者开始了对于能力培育和提升等问题的思考和实践探索。

在此期间，笔者接触到了华为的一些独特做法。事实上，早在20多年前，华为的一些做法就令人印象深刻，比如提升组织能力要从"人、技术、机制"三个方面入手，也就是改变人的认知提升活力、运用技术手段加以实现、再建立恰当的机制提供保障。这样一套组合拳下来，才能真正建立良性组织、提升组织能力。于是，笔者将这三大法宝运用到所在部门中，效果逐渐呈现，最终这个部门被激活、全员能力显著提高，从排名靠后的部门转变为全公司数一数二的部门。不得不说，这三个法宝在笔者后来的实践中亦屡试不爽。

后来，笔者受命组建一家子公司，开展科技创新业务。当时面临的问题与之前如出一辙，公司人员能力不足、前途方向未知。在这种情况下，笔者依然从抓能力的思维入手：既然要去开疆拓土打天下，那就必须手里有过硬的武器，这个过硬的武器就是强大的能力。但是如何生成这些能力？笔者又一次去研究华为，发现华为不仅找了国际商业机器公司（International Business Machines Corporation，IBM）做咨询，引入集成产品开发（integrated product development,IPD）的方法，还引入了卓越绩效工具。通过这些科学方法的运用，华为的能力被真正建立起来，并逐渐转变成为组织基因。然而，令人意外的是，当笔者所在公司引入IPD方法后，却没有达到预期效果。究其原因，任何方法都要与企业实际结合，才能收获最佳效果。这件事给了笔者一个很大的启发，能力究竟怎么培育？能力究竟从哪儿来？首先一定来自内部的激发和生长，能力是长出来的，但这种"从内部长出能力"又需要外界的刺激，以及采用符合企业实际情况的技术手段和配套机制的保障,三者缺一不可,这也就是所谓的内外兼修。

再后来,笔者开始担任企业的总经理、董事长等职。站在一个企业掌舵者的角度,笔者再一次发现传统老国企在新的竞争环境下能力的老化和竞争力的不足。在激烈的竞争、持续攀升的企业开门费[①]、甲方不断提高要求的背景之下,整个企业深受企业能力匮乏之痛,这促使笔者持续对能力建设展开探索与深入实践。恰逢此时,人工智能技术开始火爆,生成式人工智能(artificial intelligence generated content,AIGC)的概念深入人心。笔者发现,人工智能可以根据一段关键词的描述,基于算法模型和大数据,经过自身的快速学习、训练、迭代,迅速生成文本、图片、音频甚至视频,这与企业能力的生成和成长非常类似,都要经历前期的能力积累探索和学习试错的渐变过程,在某个时间点发生质变、长出新的能力。为加深对能力的理解,我们先是系统地研究了西方经济学理论中关于能力的相关论述,又逐步细分,对动态能力及核心能力等概念进行了重点研究,吸收其中的精髓,与自己的理解进行对照。最终,我们采纳了"生成式"这个词,"生成式能力"的概念原型也在笔者脑海中日渐清晰、喷薄欲出。

然而,此时又有一个问题困扰着我们:所有人都知道能力建设的重要性,但究竟怎么去建?传统的做法是把能力当作一个概念而不是一个职能,缺什么能力就去补什么能力,试图通过"短平快"的方式来提升能力。然而,这种做法越来越受到笔者的质疑:如果能力建设不是一个职能,那么如何与业务深度融合,如何让每个人

---

① 开门费:企业每天开门经营需要付出的成本,包括人工成本和折旧费。

感受到它的实际存在，又如何对它进行精准评价和优化迭代？如果能力通过修修补补的方式就可以提升，那么各项能力之间究竟有没有关系，有没有一种系统提升企业能力的路径方法？如果"短平快"的方式就能快速提升能力，那该如何解释流星企业越来越多，它们都曾经无比辉煌却很快坠落？

一系列的困惑让笔者进行了深入而长久的思考。

笔者所在的企业是一家典型的科技研发企业，工程化思维明显。比如，工程化非常强调的正向设计就是一种系统思考的方法，它从找准问题开始，确立行动项，最后要对结果进行评估……正是受日常工作的这种思维影响，笔者开始考虑能否借助工程化方法开展能力建设。说干就干，我们迅速将工程化的方法应用到了工作实践中，收效良好：企业从一开始全员对能力认识的不清楚，到对能力的细致分解，再到确定能力标杆和评价指标，以及成立专门的能力团队和组织，确立行动方案，进行评价验证反馈优化……关于生成式能力的培育和提升一点点见到端倪，成效也逐渐显现。与此同时，我们对工程管理的过往研究成果和文献资料展开了系统的梳理，并与自己的思考不断地进行对照、印证和修正。

经过理论的持续探索和实践的持续推进，我们认为可以将"生成式能力"和"工程"两者融合，并将这种做法称为"生成式能力工程"。相应地，创作一本以"生成式能力工程建设"为主题的书的冲动已很强烈。心动不如行动，我们便开始策划这本书的撰写框架。

在这样一本书中，我们试图构建一套对中国企业提升底层能力、形成能力韧性、打造能力底座有所启发和帮助的思考框架，并阐述其具体做法。下面总结了本书提出的几个核心观点：

第一，生成式能力是企业的一种动态核心能力。具备生成式能力的企业，才能持续不断地推出符合市场需求的创新产品，才能具有足够的韧性去应对激烈的外部竞争，才能通过内部自主成长应对不同经济周期的严酷考验、顺应时代的变化，实现高质量发展。

第二，生成式能力工程的关键点在于"工程"。用工程化方法推动能力建设，可以将能力落地得更为系统、全面和精准，让一个虚空的概念变得可设计、可行动、可评价、可优化。

第三，生成式能力工程建设包括四个方面：工程化起点、工程化分析、工程化解决、工程化结果，分别对应于企业的"能力冲动→能力质变点→能力建设→能力底座与能力韧性"。每个方面都不可或缺，共同构成了生成式能力工程建设的全貌。生成式能力工程是一个持续循环迭代的过程。从能力结果发现问题，再返回到前面的能力工程化步骤，不仅需要全体人员的耐心，更需要管理者的智慧。

第四，生成式能力工程的结果是分层和分阶段的，它让企业实现从"能力点→能力网→能力体"的持续进化和升级，最终形成企业的能力底座，进而让企业具备能力韧性。

第五，文化和机制是生成式能力工程能否顺利实施的两大隐型抓手。一个组织的能力真要长出来，人是最不可控的因素；一个组织要让生成式能力变为组织基因，必须建立一套行之有效的机制。所以一个组织要实现基业长青和永远卓越，必须靠文化这个软性抓手，必须依靠恰当的机制提供保障。一个不打造文化、不转变机制的企业，很难将生成式能力工程推行到底并收获实效。

第六，生成式能力工程的推进需要建立强有力的内部协同生态。如果没有一个有效的协同生态，就很难用工程化方法让企业的生成式能力系统性地转变为企业基因,而只会是支离破碎的能力点。

以上观点的提炼总结,以及本书的最终完成,并非靠笔者一己之力,而是得到了众多企业和业内人士的支持、鼓励与厚爱,在此向各方表示最诚挚的谢意。

首先,我们要感谢出现在本书中所有涉及的案例企业。笔者在多年的工作中,能够近距离接触到一些领先企业和创新企业,它们勇于突破、敢于创新的能力建设做法深深吸引了笔者,点亮了我们的思维,让笔者所在企业在前行道路上有了可以借鉴的指引和参考。此外,本书参考借鉴了中国企业联合会历年出版的《全国企业管理现代化创新成果》中的领先案例经验,在此亦对这些案例企业表示感谢。

其次,我们要感谢众多业内人士和朋友的鼓励。相关老领导、企业家对我们撰写本书给予了大力支持,提供了大量原始素材和鲜活的观点,业内朋友也给本书提供了很多真知灼见,感谢夏克洪、王雷、贾智钦、杨红菊、赵平路等同志给予的支持帮助,尤其感谢电子科技大学原校长、国际欧亚科学院院士、管理科学与金融专家曾勇教授提出的宝贵建议。这些让我们在书稿创作中备受鼓舞。在这个过程中我们成长良多,在此一并感谢。

再次,我们要感谢国防工业出版社,从社领导到责任编辑对本书都给予了大力支持,他们的专业意见令本书增色良多。

最后,我们要感谢这个伟大的时代。正是这样一个伟大的创新时代,一个无比强调能力的时代,一个通过工程化思维实践生成式能力的时代,给了笔者思考、研究和实践的宝贵机会。笔者经常暗自庆幸,能将自己的思想植入到一家企业并进行伟大的落地实践,是多么幸运的一件事，必须珍惜这样的机会，感恩这样的时代。

当然，我们也要感谢自己。这本书主要由我本人和袁瑞敏、顾辉编写，它的出版恰似时光长河的馈赠，它不仅是笔者数十年思维淬炼与实践沉淀的结晶，更是一场跨越认知边界的探索之旅。在三十年知行交织的求索中，笔者不断突破既有思维的藩篱，在更宏阔的时空维度里重构认知坐标，通过持续的知识反刍与实践验证，在反复试错与修正中完成了对企业能力建设本质的深层思考。

当完成书稿的那一瞬间，我们心中无比激动，但又心存遗憾。虽然我们进行了大量的前期理论研究，也实地调研接触了大量企业，进行了多次头脑风暴和多轮修改完善，但由于学识水平有限，认知仍有待提升，书中尚有不足之处，恳请各位读者批评指正。

最后，衷心希望生成式能力工程这一方法为企业打造能力底座插上有力的翅膀，为企业高质量发展添砖加瓦！

2024 年 12 月 16 日

目录

第一章 解码生成式能力工程
——生成式能力，让企业生生不息

第一节	企业能力跃升正面临双重冲击	1
第二节	企业核心能力回顾与解析	5
第三节	工程管理的内核	17
第四节	生成式能力的内涵与特征	24
第五节	生成式能力工程：思维与方法	30

第二章 工程化起点：企业能力冲动
——触发能力冲动，达成内部共识

第一节	获取能力需求：内外部三维扫描	38
第二节	企业能力识别与组建能力团队	43
第三节	企业家精神：能力冲动源头	52

第三章 工程化分析：能力质变点
——找到关键质变点，瞄准生成式能力突破口

第一节	瞄准目标：设定能力标杆	61
第二节	质变基线：明确能力差距	67

第四章 工程化解决：地图-行动-验证
——用科学工具和方法，加速提升能力

第一节	建立能力攻关地图	72

| 第二节 | 确定能力行动方案 | 79 |
| 第三节 | 能力评价验证 | 84 |

第五章　工程化难点：突破能力协同瓶颈
　　　　　——拆墙破壁，能力倍增

第一节	企业协同，为何协而不同	93
第二节	能力协同的推进器：机制设计	100
第三节	能力协同的催化剂：文化培育	111

第六章　工程化结果：能力底座与全域能力韧性
　　　　　——用能力底座，实现企业高韧性和强竞争

| 第一节 | 打造企业能力底座 | 121 |
| 第二节 | 实现全域能力韧性 | 127 |

第七章　生成式能力工程落地的风险与对策
　　　　　——规避三大风险，让能力生成扎根结果

第一节	生成式能力工程落地的三大风险	134
第二节	激励人：全覆盖的强激励与长激励	139
第三节	技术控：寻找最优方法与工具	149
第四节	机制优：盘活资源生成能力的引擎	156

附录	标杆案例：J公司的生成式能力工程建设	161
后记	能力生成，让你我长青	179
参考文献		183

第一章

解码生成式能力工程
—— 生成式能力，让企业生生不息

中国企业的发展史，就是一部波澜壮阔的能力成长史。早年间，中国众多企业遵循的"贸-工-技"模式便是企业由低端能力向高端能力阶梯式迈进的典范。然而，中国企业的能力进阶并非一帆风顺，而是布满荆棘，在多重压力和动力下的螺旋式、渐进式上升。本章针对当前企业能力跃升中面临的双重冲击，在回顾解析核心能力理论和工程管理内核的基础上，创造性地提出"生成式能力"的概念，深入阐释其内涵和特征，构建用工程化思路和方法打造生成式能力的框架。

第一节 企业能力跃升正面临双重冲击

如果要用一个词来描述近些年激烈无比的竞争，"内卷"毫无疑问最合适，人们经常用"卷得不能再卷了"来描述自己感受到的竞争剧烈程度。

那么，内卷背后的深层次原因是什么？其实就是企业内功的深层次比拼，而内功的核心正是企业能力的高低强弱。所有人或组织的比拼，到最后都是能力和资源的较量。当你拥有超人一等的能力，当你拥有无可替代的资源，就可以在竞争中获胜，而不是被他人替代。

当前，中国企业正面临着能力跃升的双重冲击：第一重冲击是能力成长的内部断代，第二重冲击是能力成长的外部"卡脖子"。

一、企业能力成长的内部断代

改革开放后，中国企业的能力大致经历了一条"贸-工-技"的成长路线，从具备贸易能力迈向制造能力再升级到技术能力。在这个过程中，中国企业从粗放式发展逐渐过渡到精细化发展，能力不断提升。当然，这个过程并非一帆风顺，企业必须不断突破瓶颈，而当无法再突破瓶颈时，就出现了能力的内部断代。

企业能力由低到高提升到一定阶段时，就会出现一个天花板，企业继续向上提升能力要付出的成本和资源越来越多、难度也越来越大，这就是能力突破的"阈值点"。很多企业就因为无法突破这个阈值点，一直停留在原来的能力水平上。当企业突破了一个能力阈值点、继续向上提升能力时，又会碰到下一个阈值点，这个过程就是能力提升的进阶式过程。

中国企业之所以会出现能力的内部断代，就在于无法突破那层天花板——初期的能力提升相对容易，而越往后能力的提升就越难。这背后需要企业在战略、人才、资金、技术、机制等方面进行大规模投入和创新变革，才可能实现能力的持续提升。

反过来看，中国为什么会出现那么多的流星企业？稍加分析就会发现，不是它们不具备能力，而是不具备可持续的能力。换句话说，它们可以突破敌人的一条防线，但无法连续突破敌人的多条防线。因为越到后面的防线越坚固，越需要企业具备核心能力才能突破。这恰恰是中国企业的普遍问题。

举个简单的例子，当一个社会处于短缺经济时，能够把产品造出来并卖出去就是本事，这就是卖方市场，企业要着力提升自己的生产和供给能力。然而，当短缺经济转变为过剩经济时，就形成了买方市场，企业之间开始比拼内力，技术、品牌、渠道、营销的创新等就成为竞争重点，是否具备持续的产品更新能力、技术创新能力、数字化销售能力往往成为决定成败的关键。然而，太多企业习惯了传统的"山寨"模式和模仿跟随型的经营思维，缺乏可持续创新能力，无法实现能力跃升，使得吃完上一波红利后就很难再吃下一波红利。但企业必须生存，于是就开始打价格战、开展同质化竞争，最后整个行业都陷入对获取瓜分存量的疯狂竞争，而不是想着去做大蛋糕、做好蛋糕。

所以，能力跃升是让企业实现高端化转型升级的核心变量，实现能力的持续提升是整个行业做大蛋糕和做好蛋糕的根本催生要素。

二、企业能力成长的外部"卡脖子"

自 2018 年起，以美国为首的部分西方发达国家开始对我国展开贸易战，核心是脱钩断链和"卡脖子"封锁。这种封锁不是一时之举，而是一直延续至今；这种脱钩断链也不是针对某个环节，而是遍及全创新链、全产业链，既包括创新链前端的技术封锁，比如终止对我国企业的技术输出和技术合作，又包括创新链中端的生产封锁，强行掐断关键零部件和原材料的供应链，中断核心生产装备的出口，关闭数据库和软件授权，还包括限制科技人才流动，甚至包括关闭本国市场、转移本国订单……不得不承认，这种情况给中国企业带来了全新的巨大挑战。

中国企业过去提升能力的一个重要路径，就是与国外领先企业进行开放式的深度技术交流、合作甚至联合攻关。然而，这个途径在很多关键领域已被封死，人才、技术、供应链、关键零部件、原材料、软件、数据等方面的中断让过去颇为有效的方式成为阻点。不妨来看下面一些中国企业被"卡脖子"的领域实例，我们就能强烈感受到这种威胁。

在复杂技术系统"卡脖子"中，像"重型燃气轮机"这样的核心技术长期被美国通用电气、德国西门子、日本三菱重工、意大利安萨尔多四家公司垄断；在战略物资"卡脖子"中，碳纤维受到国外的技术封锁和产品垄断，尤其是世界最先进的干喷湿纺技术一直被封锁，使得我国碳纤维严重依赖进口；在工艺装备"卡脖子"中，气相二氧化硅材料的关键制备技术和市场主要由德国、美国和日本公司控制，我国必须依靠大量高价进口，还经常断货；在芯片领域，欧美等国家的光刻机设备禁止向我国出口，严重影响芯片的制造过程；在生产技术"卡脖子"中，像制备聚氨酯关键原料的二苯基甲烷二异氰酸酯（4,4'-diphenylmethane diisocyanate，MDI）生产技术诀窍一直被国外几家化工巨头垄断，中国企业生产持续不达产[①]、原件配换都要几个月；在数据领域"卡脖子"中，比如涵盖36万种玻璃性能数据的国际最大玻璃材料数据库sciglass7.7停止向我国开放，形成"卡脖子"数据，对玻璃纤维材料企业的研发和制造带来巨大

---

① 不达产：指企业或项目在运营过程中未能达到预期的生产能力或产量目标。

影响；在零部件"卡脖子"中，像高端电子测量仪器长期被国外一流公司垄断，而且价格昂贵，严重限制了我国高端装备发展；在软件"卡脖子"中，比如我国的工业软件长期受制于国外，包括芯片的设计软件、高铁设计软件和运算控制软件，以及生产一线的许多软件，每年向国外软件企业上交高昂的升级费、关键模块更新费。

当中国企业经过改革开放后几十年的发展开始从全球价值链低端向高端迈进，形成一个新的分庭抗礼的竞争格局时，国外就开始对关键的技术、产品、数据、软件、零部件进行封锁和脱钩断链。当脱钩断链不起作用时，国外就开始运用其他手段进行打压。2024 年以来，美国、欧盟等对中国新能源汽车持续加征高关税就是一个例证。

残酷的现实摆在面前，过去的科技合作、技术联盟、市场换技术等方式不再奏效，国内企业必须认清现实、丢掉幻想，跳出舒适区，通过突破核心技术瓶颈不断生成自身能力并持续提高，方为正道。

能力的内生断层和"卡脖子"的外部刺激，这样的双重冲击向企业提出了一个核心命题：必须寻找到一种有效提升能力的落地方法，让能力实现可持续跃升，支撑企业成为恒星企业而非流星企业，这正是本书提出生成式能力工程的初衷所在。

第二节　企业核心能力回顾与解析

提起"能力"，人们会有这样一种共同的感觉：它既看不到又摸不着，却又真实存在。的确，企业能力最终决定了企业竞争力的高低，进而决定了企业产品或服务的市场表现。比如，为什么同一条美食街上的不同餐厅，有的餐厅客流如织、生意爆好，有的餐厅就门可罗雀、无人问津，一定是两家餐厅在某项核心能力上存在巨大差异。任何竞争力分解到最后，都是企业的能力在发挥支撑作用，尤其是企业独特的、难以模仿的核心能力。那么究竟什么是能力？什么又是核心能力？本节就来重点阐释能力的内涵，提炼核心能力的独特之处。

一、从能力到动态能力

（一）企业能力

所谓企业能力，是指企业在经营管理和重大决策中，满足企业生存、成长和发展所具备的独特思维、系统方法、专业技能、知识积累等所表现出的一种综合水平。这种综合水平越高，企业的能力就越强，反之企业的能力就弱。企业能力是一个复杂事件，虽然它的影响因素众多，但越是复杂，越要抓住重点将其简单化处理。

我们再以餐厅为例。一家餐厅最重要的能力是什么？一定是菜做得好不好吃，背后取决于厨师的水平、秘制的配方和食材的新鲜，所以厨艺水平、菜品研发和配方独特性、餐厅的供应链能力是餐厅最重要的能力，这些方面做好了才能带来持续不断的客源。如果一家餐厅靠花里胡哨的营销、不断创造新概念或内部装修的豪华等这些表面能力来吸引客户，可能会火爆一时，但最终一定会生意萧条直至关张。

企业的能力可以从多个角度划分。比如，从价值链的职能角度出发，企业能力可以划分为研究和开发能力、制造能力、营销能力、人力资源能力、财务能力、信息化能力、组织管理能力。从跨职能的综合能力角度出发，企业能力可以划分为学习能力、整合能力、创新能力、协同能力等。

在不同的能力分类中，大的能力项又可以分解为小项能力，比如创新能力可以进一步划分为研发投入能力、科技成果转化能力、孵化能力、研究开发组织管理能力等。不管是哪种分类，都要把握住和顺应时代前进带来的挑战。因为在当今时代，能力的内涵发生了巨大变化，传统能力需要进行升级和扩展，方能适应日新月异的发展趋势和白热化竞争。在这其中，生态能力、数字能力是两项最重要的能力。

生态能力是指企业将产业链、供应链、创新链、资金链和人才链上的利益相关方通过一定机制进行紧密绑定，实现长期合作和深度融合的规划、执行和优化迭代能力。这种能力要求企业建立开放心态，变革传统激励机制，引入新型合作方式，最终实现共生协同、生态互依的发展。

数字化能力则是指企业利用信息技术对各种业务、流程和管理进行数字化改造升级，以提高业务效率、优化业务模式、创新业务模式的能力。数字化能力不仅仅是硬件和软件的更新换代，更是对企业各方面的数字化运营能力的提升，以及对企业核心技术研发和创新能力的赋能，包括数据采集、数据传输、数据存储、数据分析、数据应用、数字化决策等方面。

（二）静态能力

仔细研究就会发现，上述能力分类其实是从"静态"角度对能力的划分，可以称之为静态能力。

所谓"静态能力",人们传统的观念是这样认为的:只要你掌握了一种独门秘籍,就可以吃一辈子的红利。然而,时代的迅速发展、新技术的层出不穷、市场竞争的变化莫测,让静态能力不再吃香,很多时候反倒会出现"刚性"阻碍——过往的经验、诀窍和杀手锏,成了如今限制企业发展的瓶颈。尤其在大转型时期,企业以往大量重资产的投入、庞大的专业设备和熟练产业工人等曾经引以为自豪的能力项,会由于资产专有性的限制、巨大的沉没成本和跟不上形势变化的落后认知,最终成为阻碍企业对环境做出变化调整的"元凶"。

(三)动态能力

其实,真正决定企业可持续生产和发展的,不只是静态能力,更有动态能力。于是,人们在继续注重静态能力的同时,又开始注重能力的动态性,提出了动态能力的概念。所谓动态能力,是指企业整合、建立和重新配置内外部资源以适应快速变动环境的能力。美国企业能力管理大师蒂斯(David J. Teece)在经过深入研究后,对动态能力的定义进行了完善:动态能力是指企业整合、建立和重构企业内外胜任力以达到适应快速变化的环境的能力。当前,对动态能力的一种共性认识是,动态能力是企业调整或创造常规能力的能力,它是一种"创造能力的能力"。

事实上,每个企业都经受过动态能力的考验。中国有太多的流星企业,曾经名噪一时,不是其静态能力或常规能力不行,而是这些企业很难随着时代变迁将静态能力或常规能力进行调整优化或转型升级,最终没有形成动态能力,也就难以成为真正的恒星企业。所以,动态能力的养成,往往决定着企业的可持续生存与发展。

创造能力的能力，对企业的要求一定很高，不是一般企业就可以具备的。本书提出的生成式能力中，"生成"两个字强调的就是企业具备的一种动态能力，它可以让企业随环境变化而迅速调整自己，让企业能够持续性地更新自身的资源和常规能力，甚至主动创造出新的、引领行业发展的产品和模式，最终成为具有强进化和强创新能力的组织个体。

下面，不妨来看看比亚迪的动态能力是如何形成的。

【案例1-1】比亚迪如何养成动态能力

近几年，全球汽车行业经历了翻天覆地的变革，部分中国车企敏锐地抓住机遇，实现了"一飞冲天"的发展，比亚迪就是典型代表，它凭借在电池领域的优势，迅速成为电动汽车市场的领军者之一。现在，人们一说起比亚迪，都会感叹于它领先的技术能力和供应链保障能力。但事实上，创业初期的比亚迪经历了艰难的能力成长过程，但依靠一直以来的创新思维和持续的创新投入，比亚迪实现了从单纯模仿到现在的自主研发，背后体现的就是一种动态能力。

1. 动态能力早期是产线与产品的模仿创新

比亚迪在20世纪90年代刚创业时，没有太多资金从国外引入先进的电池生产线，但又想模仿造出日本三洋和索尼的小型电池产品，怎么办？王传福想了一个巧妙的办法：用一半人工替代一半机器，这样一方面可以大幅度降低成本，另一方面还能保证品质大体与国外领先产品相当。用这样的方式，短短几年时间，比亚迪的小型电池产品取得了较大进展，公司也于2002年在香港主板上市。

有了一定的资金基础后,比亚迪开始造车,其第一款车是2005年发布的汽油动力轿车F3,外观与丰田卡罗拉几乎一模一样(也有人说是模仿丰田皇冠)。虽然经常有人说比亚迪涉嫌"抄袭",但其实比亚迪所有的模仿,都是在不侵犯专利的前提下巧妙绕开了专利侵害,因此在本质上是一种创造性模仿,这恰恰是一种适应环境的能力。

然而,王传福很快意识到,仅仅依靠模仿可以实现行业进入、打下一定的产业基础,但要取得长期成功,必须转向自主研发和创新,通过持续投入专注于电控电机和整车的研发与生产。

2. 动态能力成长是核心技术和供应链的自主创新

新能源车行业有大量进入者,竞争异常激烈,接近白热化。众多厂商除了要拼技术,还要拼成本。比亚迪针对新能源汽车传统电池包之前存在的整体空间利用率只有40%的问题,创新性地推出了"刀片电池"。所谓刀片电池,就是把电芯做成更长、更薄的刀片形状,刀片状电芯拼在一起,组成电池包。刀片电池在本质上是通过优化电池包内空间布局来提高能量密度的一种方法。刀片电池把电芯做成刀片形状后,刀片堆叠会比圆柱体更紧密;同时刀片电池自身能充当支撑梁,又省去了很多支撑结构,会使刀片电池里的空间利用率增加到60%,这增加的20%空间就带来了更高的能量密度。此外,比亚迪坚持刀片电池选用较为安全的磷酸铁锂做正极材料,这样一方面保证了安全问题,还在一定程度上增加了续航里程。

从这个案例可以看出,比亚迪的创新不是一时或阶段性的,而是根据环境变化和竞争焦点的变化,始终有自己的主张和思路,既不盲从随大流,也会考虑现实问题。这也是一种动态能力的体现。

要造好一辆纯电车，不仅要解决电池问题，还要解决电机、电控等核心部件的技术创新问题。在电机方面，比亚迪通过优化电机结构、提高电机效率等措施，使得新能源汽车的动力性能得到了大幅提升；在电控方面，比亚迪通过引入先进的控制系统和算法，实现了对车辆动力、制动、转向等系统的精准控制，进一步提升了新能源汽车的操控性和安全性。

此外，智能驾驶和车联网技术的融合应用，也是比亚迪新能源汽车技术的点睛之笔。通过引入智能驾驶技术，比亚迪新能源汽车实现了对车辆行驶状态的实时监控和智能决策，有效提高了行车安全性和驾驶舒适性。车联网技术的应用则让新能源汽车与外部环境实现了无缝对接，为车辆提供了更加丰富、便捷的信息服务。这些技术的应用不仅提高了车辆的智能化水平，也拓展了新能源汽车的应用场景和潜力。

除了培育技术环节的动态能力，比亚迪很早就敏锐意识到供应链可能存在的断链风险问题，于是确立了面向"全产业链"的深化垂直整合策略。具体来说，比亚迪从中游业务电池起家，纵深布局产业链。一方面，公司向上游拓展，投资锂矿资源，确保原材料稳定供应；另一方面，公司向下游延伸，进军汽车、新能源储能及电子加工等多个领域，凭借自身积累的制造经验，向汽车相关智能化零部件及上游绝缘栅双极晶体管（insulate-gate bipolar transistor，IGBT）等半导体领域拓展。最终，比亚迪形成了整体覆盖的成熟配套体系，基本实现了新能源汽车产业链全覆盖，形成了产业链完整闭环。

3. 动态能力后的研发投入是满足持续长期的技术创新

比亚迪动态能力的背后，是持续长期的技术创新投入。比亚迪身上有一种独特的坚持精神，就是真正拿出真金白银、采用"长期主义"去投研发搞创新。比亚迪前后累计投入上千亿的研发资金，构建了11个研究院，研发团队人员超过9万人，拥有超过2.8万项授权专利。王传福曾经回忆：从2017年到2019年，比亚迪经历了连续三年的利润大幅下滑，2019年的净利润只有16个亿，而我们咬牙投入了84个亿搞研发。

正是有了不计成本的研发投入，以及自身独特的动态能力，比亚迪的技术能力持续提升，基于创新的正向技术研发经验积累，让比亚迪走上了技术爆发式发展的快车道，不断扩充自身的"技术鱼池"。其中，刀片电池安全通过针刺测试，不起火、不冒烟；e平台3.0致力于打好智能电动汽车的基石；易四方成为新能源汽车行业首创的分布式驱动结构；"云辇"成为行业首个新能源专属智能车身控制系统。

从造车的大规模投入到供应链的自主搭建，比亚迪又一次体现出独特的动态能力。正是由于比亚迪在电池领域的自主研发和生产能力，以及搭建的自主可控的供应链体系，使得比亚迪与欧美传统制造商相比，拥有25%的成本优势。

从比亚迪动态能力养成的案例不难发现，一家真正拥有动态能力的企业，一定会给自己带来相比于其他企业的差异化竞争优势，这不是在某个技术或产品领域，或只停留在某个阶段，而是全周期、全方位的竞争优势。

诚然，动态能力一方面对企业的要求很高，另一方面它在很大程度上回答了困惑人们已久的一个问题：企业和企业间的差别究竟由什么决定？企业能力是自身长时间积累所形成的独特知识与手段，积累到一定程度就会固化成为一种组织基因。一家善于根据环境变化而动态调整适应的企业，无疑就具有动态能力，进而成为将自己与同行业企业进行区分的核心标志。随着环境的持续变化，企业之间基于动态能力的竞争优势差异会越来越明显。

从另一个角度看，动态能力其实就是企业最重要的核心能力。在讲过动态能力的内涵后，下面来看看什么样的能力可以称为核心能力，它又具有哪些值得关注的特征。

二、核心能力的内涵和特征

要判断一种能力是不是核心能力，可以从四个方面考察：

（1）有价值的能力：核心能力可以为企业创造客户价值；

（2）独特的能力：核心能力是现有和潜在的竞争对手极少拥有的；

（3）难以模仿的能力：核心能力是其他企业无法轻易模仿建立的能力；

（4）不可替代的能力：核心能力是不具备战略对等资源的能力。战略对等资源是指如果两种资源可以分别用于实施同一种战略，那么这两种资源就被视为具有战略对等性的资源。简单来说，战略对等性关注的是资源在战略实施中的可替代性。

所以，核心能力可以定义为企业通过长期积累所形成为客户创造价值并让企业在竞争中处于优势地位的独有能力，是企业内部资源、技能和知识的有机整合，其他企业既难以模仿，也不可替代。而一种能力越难被超越，它所产生的战略价值就越高。

比如，一家拥有"关键核心技术"的企业，就可以认为拥有了自己的核心能力，它不仅能为企业创造独有的技术价值，还是一种竞争对手难以模仿的独特诀窍、技能和知识经验，不可替代程度高。关键核心技术中的"核心"指的是技术的重要程度，关键核心技术不是一般技术而是关系企业发展的核心装置、配方诀窍、工艺流程或复杂技术系统等，没有核心技术就难以培养真正的竞争力；关键核心技术中的"关键"则是指一旦自己不掌握，在技术供应商、设备供应商、材料供应商甚至软件服务供应商脱钩断链的情况下就会立即受制于人，成为企业发展的瓶颈。

下面来看一个大家耳熟能详的零售企业沃尔玛，分析它如何通过建立核心能力而长时间位于全球500强企业的榜首。

【案例1-2】沃尔玛看得见却学不会的核心能力

人们经常困惑，在"天天平价"的理念下，沃尔玛超市几乎天天打折，商品本身的利润被严重压缩。但是，沃尔玛2023年第一季度的毛利率却高达24%，接近零售行业平均毛利率的天花板。五年来员工减少10万人，人效却直接翻倍，提升了114%。零售巨头沃尔玛的低成本竞争力就是它长期保持业界领先的秘诀所在，其背后的核心能力就是降低成本能力。不论在传统商业时代还是如今的电商时代，沃尔玛都将这项能力发挥到了极致。

1. 沃尔玛降本的基本法则

在零售业中，传统的铺货模式因为人员成本高、库存混乱、数据零散、前后端协同差、运营低效、品控差等劣势，让跨境电商卖家唯恐避之不及。为什么沃尔玛能把它做好？

对于一家零售商来说，采购、存货、销售、物流运输是业务活动的主要环节，降低这些环节的成本、提升效率是竞争的基本法则。于是，沃尔玛在采购、存货、销售和运输等各个商品流通环节想尽一切办法降低成本，包括在网络和信息化、智能化、数字化管理方面不惜代价，投入重金打造有助于降低整体物流成本的高科技信息处理系统，最终形成了它独特的存货成本模式和先进的供应链管理模式。

2. 沃尔玛独特的存货成本管理模式

沃尔玛通过强大的物流系统和信息技术系统，实现了自动进货、连续补货和自动分配。凭借先进的数字化手段，沃尔玛基本实现了全链路数据打通和供应链自动化。高效的存货成本模式降低了商品的库存存储，使之接近零库存的状态，从而降低了库存管理的成本，简化了采购管理的工作流程，节省了大量库存及流通管理费用，提高了单位产品利润，让沃尔玛在竞争中取得了巨大的成本优势。

3. 沃尔玛先进的数字化供应链管理

沃尔玛依靠先进的数字化技术手段和基础设施投入，建立了庞大的全球商品采购系统。具体来说，沃尔玛的物流系统装配了全球定位系统（global positioning system，GPS）、射频识别技术、24小时的智能网络监控等，在业内处于领先地位。相关数据显示，沃尔玛每天送1次货，一周补货频率达到2~3次，而其竞争对手平均5天送1次。通过高效的供应链管理，沃尔玛将上游供应商、零售门店和后方物流配送等协调一致，使商品采购、门店运营和物流配送等关键环节得到有效控制和管理。

沃尔玛的数字化管理系统是供应链管理的核心与亮点。该系统主要包括四个方面：订单处理系统、顾客数据库、决策系统和数据库技术，它们确保了沃尔玛前后端信息的协同，用户数据资产的沉淀、科学决策系统以及技术支撑。其中，订单处理系统通过自动订货系统，按照设定的条件，在规定时间内向总部自动发出订货申请；顾客数据库使决策者能够按顾客、产品和交易查找和分析数据；决策系统帮助管理者科学决策，如销售策略、库存管理、供应商管理等；数据库技术则用来支撑沃尔玛的决策系统。

由此可见，数字化转型是让沃尔玛在电子商务时代继续保持核心能力的杀手锏。目前，沃尔玛已经实现了全渠道布局，线上线下信息通畅，商品无缝流转，前后端无障碍沟通。以沃尔玛在中国的全渠道布局为例，截至2023年1月底，中国位于100多个城市的沃尔玛已经100%实现实体门店在线化，所有沃尔玛均为顾客提供"沃尔玛网上超市"线上到线下商业模式（online to offline，O2O）购买体验。沃尔玛在线上布局了小程序"沃尔玛网上超市"、京东沃尔玛官方旗舰店、京东到家、沃尔玛全球购和购物第三方应用程序（application，APP）来创造多个场景的流量入口。1小时"极速达"全城配、"次日达"送货上门给客户创造良好的购物体验。

4. 沃尔玛"最后一公里"的线下成本创新

2024年2月，国家邮政局网站上发布了一条关于沃尔玛的消息。消息称，2023年沃尔玛将门店到顾客的"最后一公里"的送货成本降低了约20%，公司首席财务官称成本大幅降低的部分原因在于电子商务客户的增加，每条路线运送了更多包裹，这样提高了网络运输效率、增加了单个门店的订单量。该消息还称，除了通过实体店增加交付量之外，沃尔玛还通过提高订单配送流程的效率来降低成本。2023 年，沃尔玛开始在门店增加包裹站，用来提高末端配送效率。这些包裹站接收来自沃尔玛物流中心的包裹，存储在门店的商品通过该公司 spark driver 平台上的独立承包商或第三方运营商交付给客户。此外，沃尔玛在配送设施中采用更多自动化操作，也有助于进一步改善配送方面的单位经济效益。公司首席财务官称，物流中心中的 5 个设施安装了最新的自动化设备，在相同的占地面积下，自动化设施的容量和操作量是现有的 2 倍。

不论是静态能力还是动态能力，不论是普通能力还是核心能力，都给企业传递了一个明确的信号：能力建设刻不容缓，能力建设决定企业兴衰，能力建设更影响企业未来。但是，能力建设究竟怎么做？这不仅仅是一个认识问题，更是一个方法论问题。从工程管理的角度入手进行能力建设，是本书提出的一个核心观点。下一节我们就来一起探讨工程管理的内核。

第三节　工程管理的内核

本书的核心是揭示如何用工程化的思路和方法打造企业的生成式能力，因此有必要首先了解工程及工程管理的内核与实质，这是生成式能力工程建设的方法论基础。

世间一切皆为工程，大到国家的登月工程，小到家里的装修装饰，都是一种用工程化思维来实现目标的方式。那么，每天挂在我们嘴边的"工程"究竟是什么内涵？

"工程"一词最早的出现说法不一，有人说源自南北朝《北史》

的"材瓦工程，皆崇祖所算也"，这里讲的是土木构建；也有人说源自战国时期秦律竹简中《工人程》三条目，"工人程"中的"人"是量词，因此这就是指工程，即关于工程的成式法规。由此可见，工程思维从古至今一直延续不绝，至少存在了 2300 余年。工程哲学的开拓者殷瑞钰院士认为："工程是人类有组织、有计划利用各种资源和相关要素制造和构建人工实在的活动。工程的本质可以被理解为利用各种资源与相关基本经济要素，构建一个新的存在物的集成过程、集成方式和集成模式的统一。"

简言之，工程的本质是用现有的资源要素（也就是劳动资料），按照创新思维、遵循一定的规范标准，集成创造一个新的存在物的过程、方式和模式，其目标是为了形成特定的生产力。

西方将工程称为"engineering"，这种叫法源于 18 世纪的欧洲。A. Harms 等学者认为"工程是一种将自然的材料的特质，通过创造性的思想和技术性的行为，形成具有独创性和有用性的器具的活动"，其本义起源于兵器制造等与军事相关的各项工作，后来扩展到建筑、机器、交通等领域。

如今，"工程"一词已经广泛应用在各个领域。现代工程包含水利工程、航空工程、能源工程、冶金工程、科学工程、建筑工程、化学工程、遗传工程、爆破工程、林业工程等。相较于古代工程，现代工程的内涵更为丰富，它是以某组设定的目标为依据，综合应用相关科学知识和技术手段如数学、物理学、化学，以及由此产生的材料科学、固体力学、流体力学、热力学、输运过程和系统分析等，通过有组织的团队将现有的自然实体或人造实体转化为具有使用价值的人造产品的过程。

由此可见，工程与科学技术密切相关，但它又不同于单纯的科学或技术，而是对多种科学与技术的集成使用。当然除了科学和技术要素，工程还包含了规划要素、管理要素、组织要素、人力要素、资源要素等非技术要素。所以，工程是一个不折不扣的复杂系统。

以万里长城为例。作为人类历史上最有名的宏大工程，长城从设计规划到组织施工，历经多个朝代，全工程中运用数学、力学、几何、测量、地质、建筑、指挥、运输等多种科学知识，工程量恢宏。有科学家估算，如果用明长城的土、砖和石头铺设 0.3m 厚度和 5m 宽度的道路，这条路可以环绕地球三周。

下一个问题，既然工程是一个包含众多科学技术和非技术要素的复杂系统，那么应该如何保证工程建设达到设定的预期目标？这就要靠工程管理。工程管理是否得当，直接关系到工程建设的效果。毫不夸张地说，任何工程的成功都来自有效的工程管理。工程与工程管理总是相伴相生，一个好的工程背后，必定有卓越的工程管理；一个豆腐渣工程背后，工程管理也必定是漏洞百出的。

所谓工程管理，按照美国工程管理协会（American Society of Engineering Management，ASEM）的定义，"工程管理是对具有技术成分的活动进行计划、组织、资源分配以及指导和控制的科学和艺术"。中国工程院（Chinese Academy of Engineering，CAE）的定义与此类似，"工程管理是指为实现预期目标，有效地利用资源，对工程所进行的决策、计划、组织、指挥、协调与控制"。两个权威机构的定义，都侧重在"计划、组织、指挥、控制"这几个关键方面。

在本章第二节我们已经指出，能力本身虽然"看不见摸不着"，但又实实在在决定着不同企业竞争力的差异，对企业的韧性生存和竞争力高低有着决定性影响。如何有效提升企业能力，是长期困扰企业家的一个问题，并没有统一标准的方法和标准。有的企业擅长通过产学研合作的方式提升技术能力，有的企业偏爱从零做起通过"干中学"的方式一点点积累能力，有的企业则喜欢用"买买买"的方式直接买团队、买技术、买渠道来提升能力……事实上，这些做法有三个共性特点：一是难以做到标准化，二是侧重单点能力的提升而不是企业整体能力的改善，三是企业的初心往往不是提升能力本身，而是重在解决问题、达成目标，只是在这一过程中相应的能力得到了提升。

那么，可否将"能力"作为一个明确的对象或职能单独提出来进行管理呢？换句话说，有没有一种方式，可以为企业管理者提供一个解决"能力提升"这个命题的强有力抓手工具呢？

工程管理就具备这种潜力，用工程化的思维打造能力、用工程化的方法提升能力，正成为一种新的管理思维和管理模式。

那么，为什么工程管理具有这种潜力？因为工程管理有两个显著特点：

一是全过程管理。工程管理全过程包含工程目标、前期决策、战略制定与执行、工程后期维护等过程，这符合能力全过程提升的要求。

二是多场景智能管理。最基本的工程管理就包括技术管控、质量管控、工程安全管理、环境管理、造价管理、进度管理、资源和采购管理、施工管理、人力资源管理、法律法规管控等，涉及多目标、多专业的协同，这也符合能力的多目标、多专业、多场景属性。

所以，将能力提升与工程管理结合，是一种新的管理思维与工作范式。尤其在现代工程管理的背景下，能力提升越来越打上了工程化的印记，因为信息技术和数字化、智能化工具的应用，让现代工程管理与能力提升结合得更紧密。下面，不妨让我们探究一下现代工程管理的特征。对这些特征理解得越透彻，越有助于企业在能力提升中的工程化落地操作。

具体来说，现代工程管理有以下四个显著特征。

一、涵盖多学科知识的开放交叉和融合增长

人类的知识正在以超乎想象的速度急剧增长，这也就是"知识爆炸"的内涵。科技预测学家马丁曾预测，50年后人类知识总量将翻32倍。事实上，不仅是知识的总量，而主要是知识的结构，包括知识的广度、宽度、深度和跨度发生了根本性的突变，引发了一个知识的高峰。工程作为科学技术的载体，永远是科学技术应用的最前沿，推动着知识的更新迭代。不论在工程开发阶段，还是工程实施阶段，都需要大量知识加以支撑。

工程开发阶段需要大量知识的支撑，涵盖政策环境、自然科学、基础科学、管理学和人文艺术学科等领域；工程实施阶段，更涉及原材料、信息加工、环境、设备、能源动力、人力资源、作业标准、实时协调、检验检测等知识领域。两个阶段中，工程知识与管理工具与方法的深度融合、有机结合，共同构成了工程管理复杂而美丽的画卷，实现"工程投入－变换－产出"整个过程的顺利推进。

二、具有渗透进多领域的专业化和产业化特点

现代工程管理起源于战时的装备生产，即人们常说的工业工程。

随着这种模式得到验证和传播，工程管理涵盖的范围开始迅速向重工业和轻工业拓展，进入多领域。其中，重工业主要有机械、汽车、石油、钢铁、化工、航空、船舶等；轻工业则有纺织、皮革、医药、食品、微电子等。不同行业的工程管理体现出明显的专业化特点，比如航天工程是典型的复杂系统，涉及技术领域广、质量安全可靠性要求极高、资金规模庞大、管理层级多、工程周期长、社会影响面大，航天工程管理的要求就极高；汽车行业的工程管理则强调对市场信息的动态把控、新能源技术和人工智能技术的深度融入，全程注重绿色环保意识；轻工业行业通常具有多品种、小批量的特点，其工程管理注重专用装备和灵活定制的生产系统，适应这些特点的专业管理方能奏效。

除了轻重工业，工程管理还广泛应用于现代服务业、农林牧副渔业和建筑行业等。比如，麦当劳肯德基等全球连锁餐饮企业、711便利店等，都采用了标准化工程管理的方法，推动其业务迅速发展。尤其是服务业中的大规模定制化和标准化，对提升服务效率、降低服务成本、改善客户满意度起到了决定性作用，比如顺丰、京东就是其中的代表性企业。

农业是另一个利用工程化管理方法克服自身缺点、实现大规模标准化发展的行业群。农业自古以来就是"看天吃饭"，产能和质量都不稳定。如今，农业中越来越多地采用了工业化管理方法和先进的工业技术，从种子种苗繁育、温室工程技术、制肥制药工程、种植管理、肥水工程技术，让农业生产链条变得标准化、工业化、规模化，农业生产的效率、效能和效益明显提升，农业企业的能力显著提高。

三、工程管理的项目化、体系化、个性化趋势明显

工程管理的项目化是指工程与项目的深度融合，以具体项目为载体推动工程化的精准落地。工程管理的体系化是指从业务活动的某些片段如"生产作业"，扩展到整个产品生产过程，包括前期的分析研究、设计、规划，后期产业链上下游管理等。工程管理的个性化则是指针对不同需求、不同场景和不同行业，采用系统开发型工程管理、产品开发型工程管理、项目群工程管理体系等方式实现企业目标。

四、现代管理工具得到大范围和深度化应用

现代工程管理的发展史，可以说就是一部管理工具的应用史。由于现代工程管理具有阶段性、复杂性、专业性、衔接性等显著特点，迫切需要相应的管理工具完成相应任务，确保具体作业任务的阶段划分、阶段目标和整个过程的调整与衔接。于是，大量管理工具被创造出来并得以有效应用，包括泰勒的"生产作业流程"、统计质量管理体系（statistical quality management system，SQMS）、精益生产（lean production，LP）、全面质量管理（total quality management，TQM）、全员生产维护（total productive maintenance，TPM）、价值流程图（value stream mapping，VSM）、六西格玛（six sigma，6σ）、流程再造（business process re-engineering，BPR）、运筹管理工具等。

近些年，数字化和智能化工具更是超越了传统的管理工具，包括专业的数字化研发工具、数字化质量管理工具、数字化在线检测

工具等，极大提升了企业运营和工程管理的效率和效能。然而，不少企业在引入和使用管理工具时，仍然存在两个突出问题：一是盲目引进管理工具而罔顾企业实际情况，没有进行定制化、适应性改进，最终导致失败；二是推崇经验主义，引进了工具但没有认真研究和好好利用，大笔资金打了水漂。因此，不论是管理工具的"拿来主义"，还是传统的"经验主义"在工程管理中都不再能够奏效。每个组织的工程管理都是一套独特的体系。企业必须在引入管理工具的基础上，将其进行适应性改造，找到自己独有的工程管理方法，才能让工程建设达到预期效果。

在讨论了能力的一般内涵与工程管理的通用特点后，下一节我们将引入生成式能力的概念，为将工程管理与能力提升的有机融合奠定基础。

第四节　生成式能力的内涵与特征

所谓生成式能力，是指企业在内外部因素的驱动下，通过自身改革、外部学习、创新试错等方式，持续性地自主生成满足客户需求、应对外部竞争的相应创造能力及机制的统称，它体现在企业的不同维度上，包括业务创造力、技术创新力、生态支撑力、文化自适力等。生成式能力是企业经过长期发展形成的一种内生能力，它不是简单从外部模仿或引入的能力，也不是针对某个问题的单项能力提升，而是从整体和底层逻辑上建立实现企业可持续发展和应对环境巨变的一种动态能力机制。

比如，华为在面对科技和供应链"卡脖子"问题时，通过提前自建备胎的方式研发芯片和打通供应链，就是一种生成式能力。再比如，海尔通过人单合一和小微创客等内部创业孵化机制充分调动内部员工的积极性、寻找企业新的利润增长点，也是一种生成式能力。

具体来说，生成式能力具有几个显著特征。

一、生成式能力是一种自适应性的创造能力

生成式能力的核心是自主创造，它自组织、自学习、自演进、自变化，但又不是无根据地创造，而是一种基于外部竞争态势和变幻莫测市场需求进行动态调整的适应性创造。比如，吉利集团的子公司吉利远程在进入新能源商用车领域时，通过深入的前期市场调研发现，公路商用车的续航里程长、电池容量大，普通充电技术难以维系，客户抱怨多但又没有解决方案。怎么办？必须寻找新的技术路线。然而，业内同行企业主要采取纯电技术路线。为满足市场需求以及为在行业中形成差异化优势，吉利远程在主流的纯电动技术路线外，选择了甲醇制氢的全新技术路线，这就是一种创造能力。当然，为了让全新的醇氢技术路线落地，吉利远程又在人才、技术研发、装备和产业链等方面下了大力气，最后才培育出相应的能力体系、达到自身的战略目标。

此外，创造能力也包括突破想象力的创造力，比如马斯克对可重复使用火箭和飞船的设想，就与传统航天强国一次性火箭和飞船的思路完全不同。传统观点认为运载火箭只能一次性使用，然而马斯克偏偏提出一条可重复使用的火箭发射道路，旨在节约巨额成本，

这也是一种创造能力。当然，创造能力的背后，是打破行业传统规则和主流做法的加倍投入与持续试错，并不是一般企业或组织能轻易做到的。

由此可见，生成式能力往往是换一种思路或方法来解决问题，这本身就是一种独特能力的体现。

二、生成式能力是持续迭代的成长能力

生成式能力不只局限于初期能力生成，还包括后期的能力成长。生成式能力最终是能力成长全过程的体现，包括能力的触发、能力的发展、能力的提升、能力的成熟等不同阶段。比如，企业进行数字化转型时，一开始要夯实数据底座，进行大数据采集和设备联网的改造，以及数据存储、分析和传输，这可以视为能力生成阶段；当完成这一步，企业就要基于数据进行运营、物流、研发等职能的辅助决策，这可以视为能力提升阶段；最终，企业要发展到知识经验和数据决策并举进行决策的高级阶段，形成一种数实共生的新型决策机制，这可以视为能力发展成熟阶段。

三、生成式能力是一种内生力量占主导的能力

企业获取能力的方式大致有三种：一是内生培养，二是合作获取，三是能力外包。其中，内生培养和合作获取是当前的主要做法。

合作获取能力的主要做法是构建企业生态圈，通过长期稳定嵌入和深度绑定的上下游企业，打造能力共同体来提升自身能力、弥补自身能力不足。内生培养则是企业从 0 开始，自己一点点提升能力。能力外包则是最传统的方式，即将某项业务、职能或技术完全

交由外部公司，最终形成自己的能力拼图。在竞争无处不在、处处渗透的当前社会，能力外包模式越来越显示出其弊端，拥有核心能力方为企业持久成长之道。

生成式能力是内化于企业高管团队、各职能部门和员工群体中的一种能力，能力的起点可以是外部因素的激发，但必须根据本企业实际情况进行适应性改进，内生的创造性力量要占据主导，而不被外部力量所左右。比如，集成产品开发（integrated product development，IPD）改革是当前流行的一种企业流程改造方法，但在业界IPD变革的成功率不到50%，因为很多企业连自己的业务流程都没搞清楚就开始引入IPD，结果不仅没有优化产品流程，反而带来了更多新的问题。当然，还有的企业生搬硬套IPD的流程步骤，缺乏"因企制宜"的改造，也会导致效果不好。

再比如，很多企业在不断改进自己的绩效评价体系过程中，为了实现精细化计算，从外部引入了国际商业机器公司（International Business Machines Corporation，IBM）的绩效评价方法。这套方法看起来精细，但由于计算变量过多、计算过程太复杂，操作起来非常不顺畅，导致管理人员难以搞清每个人究竟按什么方式分配。最终的解决方法就变成了一种"折中"，即企业将IBM绩效评价方法和原来的评价方法进行融合，才终于形成了一套适应本企业实际情况的绩效评价标准。

四、生成式能力是一种量变引起质变并突破阈值点的能力

生成式能力的一大特征就是不断生成能力，但这要建立在前期的能力学习基础之上，通过渐进式成长不断积累。当能力密度达到

一定程度，它就会出现跨越和飞跃。因此，生成式能力是渐进式的质变，前期必须进行长期大量的能力学习和实践，后期才有可能进行能力创造。无学习、不生成，无积累、空生成，这就是生成式能力的两个命门。谁能跨越这两个命门，谁就能跨越阈值的束缚，实现能力的跃升。

五、生成式能力本质是一种主动改造和积极成长的能力

无数事实表明，创新往往是被动的，大多数企业在遇到危机或困难时才想要去推动创新。然而，企业的能力建设，必须主动推动和积极改造，必须有关键人引领整个企业往前走。这其中，最重要的就是一把手和高管团队的认知力、行动力和持久力，三者缺一不可。

为什么必须主动改造？因为人人都有能力惰性，很少有人愿意主动提升，而能力的提升必须突破一定的阈值，需要长时间的主动积累和试错领悟。如果只是被动改造，能力提升的时间累积效果就会打折扣。所以，从这个角度看，生成式能力是对抗惰性的一种能力。

需要特别注意，如果企业不是靠自身的能力站稳脚跟、赢得市场竞争，而是靠一些非能力要素赚得盆满钵满，比如，稀缺的牌照或以往的资质获取超额利润，那么其能力成长就会中断。而一旦中断，等再想回到提升能力的正轨时，就要付出百倍的努力。"生于忧患，死于安乐"，这句话同样适用于企业的能力培养和竞争力提升的场景当中。

六、生成式能力是一种架构能力或元件能力

生成式能力既有可能是一种架构能力，也可能是一种元件能力，

是企业能力的两种形态，有的企业偏重架构能力，有的企业则偏重元件能力。所谓架构能力，是指企业具备的一种通过结构优化、元件组合、灵活集成的方式来解决问题的能力。换句话说，架构能力是企业通过提出创新性框架来解决问题的能力，其实质是一种框架思维能力。所谓元件能力，则是指企业在某个局部或专业领域具有极强的知识和技能，比如，产品研发、工艺制造、市场营销等具备领先同行的能力。

架构能力与元件能力不分优劣，而是相互促进。超强而领先的架构能力会使现有的元件能力创造出更大价值，也会促进新的元件能力的产生和架构能力自身的提升。生成式能力可能是新架构能力的生成，也有可能是新元件能力的生成，这给了企业很大的启发：要实现能力提升，可以从架构角度入手，也可以从元件角度入手，或找到两者间的平衡点。

除了以上六大显著特点，还要指出，生成式能力背后必须有一套符合企业实际情况的良性运转机制。

无机制、不能力，这是一条基本规律。建立一套适合于生成式能力的机制，是生成式能力管理的重点。这套机制，既有作用于"事"的运营和评价机制，也有作用于"人"的考核和激励机制，还有作用于外部环境的相应规则和做法。比如，建立企业部门间的协同能力，是生成式能力的重点也是难点。但如何打破部门墙、形成部门和部门之间的协同能力？必须靠机制和文化这两样东西的"推拉组合拳"：一开始尤其要靠机制的强推，从部门利益关联考核的角度入手，就有可能从行动上在各部门间形成一种协同工作机制；随后，再从文化打造上入手，让各部门人员从心理上形成一种协同工作文化。

综上所述，图 1-1 描绘了在良性机制作用下，企业生成式能力特点及其相互关系。

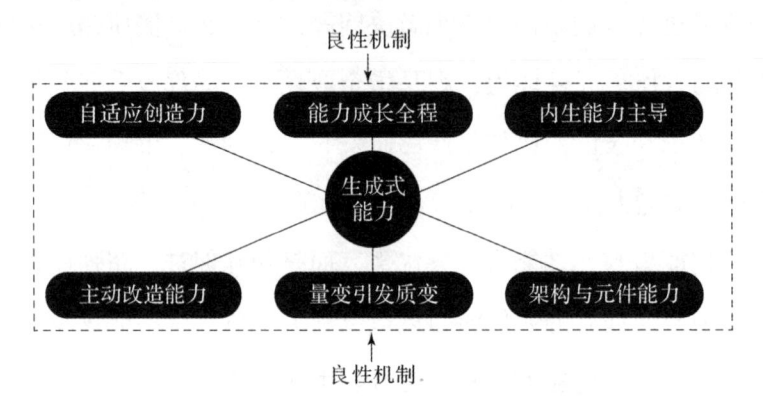

图 1-1　企业生成式能力特点及其相互关系

企业生成式能力具有的多重特点，表明它并非某个单项能力，而是一种相对复杂的能力方法论，必须采取一种合适的方法才能让其落地，这也正是本书要解决的核心问题：如何用工程化思维与方法打造生成式能力，在企业让生成式能力工程建设落地。下一节我们就来探究生成式能力工程的思维与方法。

第五节　生成式能力工程：思维与方法

虽然企业领导都很重视能力建设，但大部分企业对如何持续生成能力和提升能力存在三个明显的共性问题。

一是没有形成一套有效的方法论。虽然在战略上很重视提升能力，但在战术执行上缺乏抓手，仍然采用引进人才团队、联盟合作等传统方式，没有真正内生地生成能力并形成组织记忆。

二是重视在单点上加强能力建设。虽然"缺啥补啥"这种方法可以解决当下的问题，却因为缺乏能力的系统谋划而难以实现能力的整体提升，要知道企业能力的提升"不是打补丁，而是换系统"。

三是缺乏能力评估和反馈迭代机制。能力建设究竟取得了哪些进展，存在哪些问题，有哪些能力堵点一直未能突破，方法是否需要迭代优化，投入的重点是否需要调整，都没有明确的结论。

正是由于存在上述问题，企业能力建设经常到了最后会变成一笔糊涂账——看上去轰轰烈烈，效果却不明不白。显然，这不是企业管理者所想，也不是一开始的初心。要解决这个顽疾问题，就必须提出一套切实可行、有助于在企业里形成制度化、流程化和规范化能力建设的思路和方法。本书提出用工程化的思维去生成能力、提升能力，是让能力建设实实在在落地的一种方法，这就是"生成式能力工程"。

什么是生成式能力工程？

所谓生成式能力工程，是指把能力建设作为一种特定的企业职能（而非软性的虚概念），将工程管理的思路、原则引入到企业能力建设中，用工程建设管理的相关方法和工具来生成能力、巩固能力、提升能力、考核能力，最终让能力显现的过程及其结果。换句话说，生成式能力工程就是"能力工程化"，把能力建设视作一项工程，用工程化思维和方法打造能力。

图 1-2 是企业生成式能力工程思维与方法示意图。

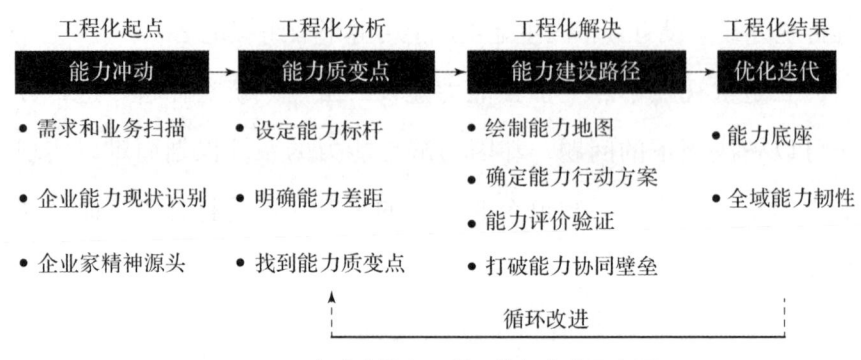

工程化起点	工程化分析	工程化解决	工程化结果
能力冲动 →	**能力质变点** →	**能力建设路径** →	**优化迭代**
• 需求和业务扫描	• 设定能力标杆	• 绘制能力地图	• 能力底座
• 企业能力现状识别	• 明确能力差距	• 确定能力行动方案	• 全域能力韧性
• 企业家精神源头	• 找到能力质变点	• 能力评价验证	
		• 打破能力协同壁垒	

循环改进

图 1-2 生成式能力工程思维与方法示意图

生成式能力工程方法最大的亮点是围绕能力，用工程化的思维建设能力，不断生成所需能力，最后形成一个具有高韧性的具有竞争力的能力底座。具体来说，生成式能力工程方法要求企业遵循四个步骤，打造生成式能力：明确能力冲动（工程化起点）→识别能力质变点（工程化分析）→确立能力建设路径（工程化解决）→促进能力优化提升（工程化结果）。

一、明确能力冲动

企业打造生成式能力的前提，是清醒认识到自身的问题和外部的需求，并由企业家触发能力改进的冲动。首先，企业要进行市场需求和自身业务扫描，准确识别外部需求，判断现有业务与外部需求间的匹配度，能否满足客户需求；其次，目光向内，用价值链和创新链工具识别企业能力现状；最后，由企业家提出。现实的情况是，多数企业知道自身业务与外部客户需求间的匹配度和存在的问题，但缺乏勇气、魄力和决心去触发能力冲动。触发能力冲动这件事，只能由企业家来做，因为只有企业家才有这样长期的战略眼光、调动资源的能力和统一企业上下认知的冲动。

这一步对应于工程管理中开发阶段的需求分析与前期策划。

二、识别能力质变点

触发了能力冲动后，就要搞清楚自己要达到的能力目标，此时需要设定清晰的能力标杆，明确自身与标杆间的能力差距，最终识别出能力质变点。所谓能力质变点，是指一旦突破就能让企业实现能力巨大提升的关键点。企业在提升能力的过程中会发现有很多卡点、堵点或痛点，但其中大多数不是质变点，而是量变点，只有极少数几个点是真正的质变点。当然，质变点也必须通过量变的方式实现。企业必须找到会引发生成式能力大幅跃升的那个关键点，一旦找错，就有可能出现"勤劳的双脚奔跑在错误道路上"的情况，或事倍功半的结果。

识别能力标杆有几种具体方法，后面章节会详细阐释，此处只做简单介绍。一是设立前沿守门人，专门搜集行业前沿动态，发现能力标杆企业；二是调研全球同行领先企业，确立自己的能力目标；三是依据现行通用的国际标准、国家标准或行业标准设定能力标杆；四是自主设定能力目标。

这一步对应于工程管理开发阶段的落地谋划。

三、确立能力建设路径

在准确识别出企业能力质变点后，企业就要确立能力建设的具体路径，具体包括四个方面：一是绘制能力攻关地图，二是确立能力行动方案，三是设计能力考核标准，四是进行能力验证与迭代。其中，能力地图是指找到从能力现状提升到能力标杆间的可能路径；

能力行动方案则涉及能力的提升方法、运行机制等内容；能力考核标准是指针对标杆和企业实际设计的能力是否达标的一系列指标；能力验证则是指通过各种管理工具和方法判断能力提升和改进的方向是否正确、差距是否缩小、方法是否得当等。

这一步对应于工程管理实施阶段的方案设计与实施。

四、促进能力优化提升

企业在确定了能力提升的具体建设路径并推动能力方案落地后，就要进行能力验证与迭代，从能力底座、能力范围、能力韧性等维度进行评价。针对评价结果，再回到能力质变点阶段进行调整，包括质变点的再识别和细化、能力地图和能力行动方案的优化等，最终形成一个完整、循环式的生成式能力工程建设闭环。

这一步对应于工程管理的结果评估与反馈优化阶段。

以上，就是生成式能力工程建设的全部关键步骤。需要指出，上述模型是基于大量企业案例提炼出来的经验模型，企业在实践过程中不必生搬硬套，而要结合自身情况加以应用。同时也必须强调，进行能力需求分析、找到能力质变点、确立能力行动方案和进行评价反馈，是其中必不可少的关键步骤。

还需要说明，虽然这个模型看着不复杂，但在实际落地时并没有那么简单，企业经常会犯一些习惯性错误。为此，我们提出生成式能力工程在落地时必须注意的六个方面。

1. 系统谋划

工程思维有两个关键词：第一它是"系统"的，第二它是"正向"的。工程建设首先一定是以系统观念来推进工作的，那"正向"

是什么？就类似产品设计时的V形图，从需求开始，向下分解、向上验证，需求分解为一个个的指标，做出来产品后再一个一个地验证，到最后定型，然后推广。

因此，生成式能力工程讲的系统，是指能力建设要从企业的全业务流程和环节考虑，从单点能力提升和协同能力提升考虑，从单个职能部门能力到企业整体能力考虑，自上而下又要自下而上考虑，而不是"头痛医头、脚痛医脚"的传统思维模式。此外，这里讲的谋划并非指平均发力都一视同仁，而是对重点问题和重点能力有所侧重加以谋划，同时又兼顾各方的平衡性。比如，有的企业技术创新能力一般、营销能力突出，此时的能力建设重点就应该放在技术创新能力建设上，但又不能忽略营销能力，而应该将技术创新能力提升及其与营销能力融合发展加以统筹考虑。

2. 需求导向

人们常说能力建设的最终目标是解决问题，因此要以问题为导向。这样的认识固然没错，但它只是浮于表面，没有洞悉本质。能力建设的真正目标是满足需求，既包括当下的现实需求和未来的潜在需求，也包括内部需求和外部需求，还包括竞争需求和发展需求等，问题只是需求的一种表现方式而已。因此，能力建设要以需求为导向，生成式能力工程更是如此。

同时，企业要对需求进行动态跟踪和分解，保持清醒认识。其中，既要注重对短期能力需求进行分析，更要注重对长期潜在能力需求的预判；既要注重对市场需求和组织需求的分析，更要注重对技术创新需求的研判；既要注重对内部需求展开分析，更要注重对外部需求的"抓取想"。此外，不同企业面临的需求不同，必须"因企制宜"地分析需求，有的需求在这家企业是难点痛点需求，在另一家企业则可能只是痒点需求。

3. 结构化分解

工程管理的一个基本原则是对管理对象进行结构化分解，以提升管理效率、降低管理难度。生成式能力同样需要进行结构分解，分解的标准需要具体问题具体分析，有可能是按价值链，也有可能是按创新链。当然，结构化并不是分解得越细越好，主要以能否落地为标准。此外，生成式能力的结构化分解有相应的落地方法，具体可以参见后续章节。

4. 反馈优化

能力建设是一个螺旋式上升、盘旋式前进的长期过程，绝非一蹴而就，因此企业必须提前做好能力验证和反馈优化工作，用动态化评价和迭代的方式推动能力提升。能力评价要根据企业的不同职能和维度设定两类指标：第一类是通用能力指标，第二类是专业能力指标。比如，对制造业企业而言，各种专业类技术能力指标评价就是专业能力评价，而最终的财务能力和市场占有率评价就是通用性评价。此外，这种评价应该是"纵向＋横向"的比较式评价，纵向评价是与自己过往比，横向评价则是与同行当年比。当然，企业在条件具备时，还应该进行生成式能力的"三效"评价，即效率（干没干完）、效能（干没干好）、效益（赚不赚钱）。基于"三效"评价再反过来看问题出现在哪里。不管是哪种评价，最终目标都是发现自身在生成式能力现状与标杆间的距离和短板，通过优化资源配置、改善组织结构、加大创新强度提升企业竞争力。

5. 注重投入产出比

工程管理强调计划、进度、成本、质量四个关键要素，生成式能力工程同样也要关注这四个方面：能力建设的计划安排是否合理，进度是否符合预期，能力建设的投入成本是否过高，能力建设本身的质量和成效怎样。只有关注了这四个方面，才有可能真正以合适的成本（而不一定是最小成本），得到最佳产出。

6. 保持足够耐心

即便采用了工程化思路与方法，"能力生成→能力巩固→能力显现"仍然是一个长周期事件，3~5 年出效果是常态。一个真正好的生成式能力系统，能为企业带来至少 10 年以上的稳健发展红利。但如果企业心态着急，很可能会出现拔苗助长的情况。能力成长是最诚实的，不会因人为的提速而加速，长时间的积累、学习试错的方法、恰当可行的管理、众人认同的文化氛围……诸多因素共同决定了能力成长的速度和质量。所以，企业必须保持耐心和冷静，用"长期主义"践行生成式能力，打持久战、攻坚战。

本章界定了生成式能力的内涵，介绍了生成式能力工程建设的关键步骤。第二章就来看生成式能力工程的第一步，即如何激发企业能力冲动、达成全企业的能力建设共识。

第二章

工程化起点：企业能力冲动
——触发能力冲动，达成内部共识

生成式能力的工程化建设并非空穴来风，而是需要一个"冲动"的起点：那就是企业通过外部市场需求、竞争现状和自身业务的全谱系扫描，对自身能力进行识别和分类，发现能力需求点，最终由企业家发出能力建设的总动员，提出能力工程化建设的总思路和方法论并在企业里达成共识。很多企业在这个过程中存在两个通病：一是发现不了能力问题，二是发现了问题但缺乏能力冲动。本章就来讲述企业如何进行全谱系扫描、能力识别，以及企业家精神如何触发企业能力冲动达成内部共识。

第一节　获取能力需求：内外部三维扫描

能力分析是一种帮助企业识别能力现状、利用核心竞争优势的重要方法。通过分析企业的资源和能力，企业可以确定自身的能力长板和短板，发现在市场上具备的独特优势，制订相应的能力培育计划，以获取长期竞争优势。

企业能力分析的起点，是对企业及周边环境进行三个维度的全谱系扫描来获取能力需求：一是竞争维度分析，也就是与同行比；二是需求维度分析，也就是与客户要求比；三是业务维度分析，也就是与自身比。通过这三个维度的比较，就能较为全面地判断出企业对未来能力发展的方向和要求。

一、外部竞争分析与能力需求

外部竞争分析主要集中在两个方面：一是对本行业的竞争趋势有清晰的认识；二是密切跟踪行业内龙头企业的竞争动态变化。对这两个方面展开分析的目的，是搞清楚行业竞争和龙头企业竞争重点动态变化的背后对本企业能力究竟提出什么新的要求。下面来看一家钢铁企业是如何进行外部竞争与自身能力分析的。

【案例2-1】某钢铁企业的外部竞争与能力分析

某钢铁企业近些年面临激烈竞争，在制定企业新的发展战略、探讨相关发展路径时，该企业展开了深入分析。

1. 竞争与能力分析

该企业通过分析钢铁行业的竞争现状和未来趋势发现，一方面是国内的中低端产品的产能严重过剩，导致企业间的同质化竞争激烈；另一方面国内相关行业却需要进口大量的高附加值和高技术难度品种。因此，该企业认为：钢铁产能严重过剩是事实，但高端需求仍然很旺盛，尤其是进口替代产品，有巨大的发展空间；行业的竞争重点也已经从低端的同质化价格竞争、产能竞争，转变为高端产品的技术竞争、创新竞争。此外，这家企业还发现，随着中国装备制造业的转型升级，钢铁材料面临着更新换代的重大机遇。

2. 新发展思路确定

基于上述全面的行业动态分析，该企业确定了新的发展思路：通过"三品"战略，即增品种、提品质、创品牌，推进由常规产品、同质化产品向特色产品、高端产品的转变，进军超薄、超宽、超厚等极限规格产品和高端产品领域，做到"人无我有、人有我优、人优我特"，闯出一片蓝海。企业领导意识到，要实现这样的战略思路转变，关键是必须提升自身的技术创新能力和高端产品开发能力，升级工艺技术装备，才能取得竞争优势、实现发展目标。

二、市场需求与能力需求分析

市场需求分析主要关注两个方面：一是对本行业宏观需求动态变化的分析，二是对本企业客户需求迁移的密切跟踪。对前者的分析，是洞悉需求大势，让自己在市场大方向上不跑偏；对后者的关注，则是对龙头客户潜在偏好的深度把握，并与企业的业务战略密切关联。

下面来看一家汽车零部件企业是如何进行市场需求与能力分析的。

【案例2-2】某汽车零部件企业的市场需求与能力认识

该汽车零部件企业是一家采用模锻工艺生产钢质模锻件的专业化企业，企业在发展过程中发现市场需求发生了深刻变化，于是展开调研。

1. 需求调研

企业通过大量调研和客户走访发现，原来中低端的标准化产品市场发生了重大变化，客户订单"多品种、小批量、个性化"趋势越来越明显，一种产品需要至少一套模具，生产线切换频繁，要求快速响应，这使得生产组织难度加大，企业以往采用的离散型制造方式导致规模效益无法释放。

2. 能力调整

看到这个市场需求趋势后，公司决定在市场领域寻求新的突破，从原来的国际中低端客户瞄向欧美等国际高端客户。通过与戴姆勒、佩卡等世界知名汽车集团进行业务交流，企业发现要满足这些国际高端客户多品种、小批量、高质量的要求，必须变革以人工干预为主的离散型生产方式和管理方法。进一步地分析以及与同行业标杆企业的对标发现，公司的各项技术经济指标和先进生产制造装备利用及自动化控制、信息管理等技术运用方面还存在较大差距，生产效率相对低下、质量不可追溯、依赖人员经验等，这背后都是企业缺乏先进的锻造工艺所致。因此，公司领导意识到，要想在激烈竞争中拿到国际高端客户订单，必须变革传统锻造工艺方法、大幅提升锻造工艺能力，才有可能满足客户的个性化需求，实现快速降本、提质、增效。

三、业务分析与能力需求

业务分析重点关注两个方面：一是本企业的业务结构、边界与领先性，包括多元化业务、未来业务发展规划等；二是行业内龙头企业的业务现状，包括其结构、边界和领先性等。分析前者的目的，是准确定位自己的能力边界；分析后者的目的，则是搞清楚行业内的能力前沿。业务差异背后的本质，也是能力的差异。下面来看一家棉纺织企业是如何进行业务结构与能力分析的。

【案例 2-3】某棉纺织企业的业务结构与能力分析

该企业的前身是一家历史悠久的国营纺织厂，建厂历史超过百年，位于长三角地区。然而，近年来低端同质化竞争让企业的发展面临严重瓶颈。为此，企业开始进行业务机构和能力分析。

1. 发展趋势与业务结构分析

中国棉纺织业一直是参与全球竞争的行业，然而2015年后，企业领导发现，本企业过去专注于粗中支纱的中低端市场，以粗中支纱产品作为主营业务，竞争力逐渐丧失。一方面我国的棉花资源和劳动力成本决定了粗中支纱市场已无国际竞争力，该企业又地处长江三角洲发达地区，缺乏原料供给优势、劳动资源优势、能源价格优势，这使得企业的市场在逐渐丢失；另一方面，粗中支纱产品的门槛低、竞争非常激烈，而高支纱及特高支纱由于技术含量高，做成的纺织品具有轻薄飘逸、典雅高贵和穿着舒适的感觉，全球顶级奢侈品和国内市场都有广阔市场需求，产品利润率高。

2. 业务结构变革与能力提升要求

面对这种产品业务结构落后、不符合当前市场的现状，企业领导认为，必须改变传统业务结构，由粗中支纱产品迈向开发高支甚至是特高支纱，实现产品的升级换代。通过对自身业务的分析，该企业还发现传统纺机装备的自动化和智能化程度均较低、工人劳动强度较高，已经不适应青壮劳动力越来越少的状况，更难以满足特高支纱的生产要求。这背后恰恰是企业向高端产品业务升级的能力不足导致的，而装备能力是关键中的关键。因此，要实现产品业务结构的升级，就必须加快企业在装备及生产过程的数字化、网络化、智能化的能力建设，进而研发出高档次高质量纱布产品，促进高档次产品的品牌建设和品牌影响力。

对行业竞争、市场需求和自身业务三个维度的扫描，能够让企业从这三个方面延伸到对背后能力的分析，这让企业对能力需求的认识更加全面立体，而不是从某个角度的"盲人摸象"。企业的能力需求一定是在比较中才最容易发现，不论是与同行比，还是与客户要求比，抑或是与自身比，都会让企业管理者在后续的生成式能力工程推进中，形成一种"比较对标"的观念。此外，在实践中，不同企业应该根据自身的实际情况，对三个维度的比较分析有所侧重，有的企业应该侧重行业对手比较，有的企业可以侧重对客户潜在需求的挖掘，有的企业则应侧重对自身的深度审视。

在对行业竞争、市场需求和自身业务展开三维度全谱系扫描后，下面企业就要进入核心问题：识别自身能力，组建能力团队。一起来看第二节的内容。

第二节　企业能力识别与组建能力团队

企业能力识别是指对企业的关键性能力进行分解并进行有效性、强度和竞争性表现的分析。能力识别的基础，是进行能力分解。能力分解的方法和工具很多，不同的工具和方法代表了不同的分析角度。当前，能力识别主要有两种思路：一是从价值链入手，针对不同的增值业务活动的能力进行整体分析，颗粒度相对偏粗；二是针对特定环节的业务能力或职能能力，运用鱼骨图法、头脑风暴法、专家咨询法等现代管理工具进行细分拆解与识别，颗粒度偏细。

下面我们分别对这两种思路进行阐述。

一、价值链分析

价值链分析即从价值链角度入手进行能力识别的步骤进行简要阐述。生成式能力就体现在这些识别的能力环节中。

1. 价值流分析

这是指基于价值链工具和相应的价值流思路，分析本企业的关键价值增值活动。图 2-1 是对波特价值链模型进行细化后的示意图。

2. 业务域分析

这是指在价值流分析结论的基础上，按照企业战略规划，识别出承接价值增值活动的具体业务模式，梳理出与战略相呼应的若干具体业务域。需要指出，企业可以根据不同的需要和目标，划分出不同的业务域。因此，业务域的划分具有一定的弹性。

3. 能力集分析

这是指在业务域分解的基础上，对各业务域工作所需的能力再进行分解，确定出承载这些业务域的能力集。随后，还有一个重要工作，即通过对能力集的再梳理和再归纳，初步确定企业的几项关键核心能力。有的企业可能聚焦于一项核心能力，有的企业则可能关注几项核心能力，这都是与企业实际情况结合，因此也有一定弹性而无定势。

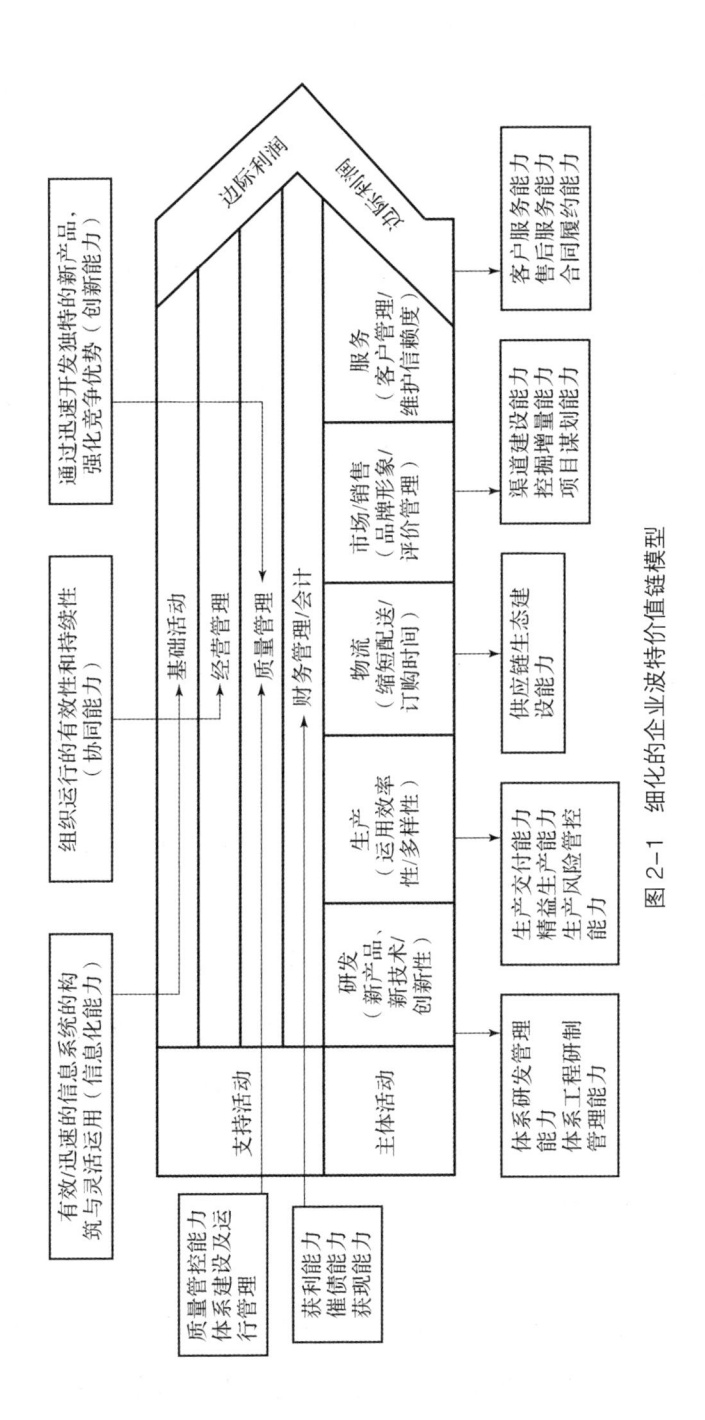

图 2-1 细化的企业波特价值链模型

企业对关键能力的分析和识别,既可以从企业整体的层面展开,也可以从单项能力的角度入手。下面来看一家科技制造型企业是如何对自身的整体能力进行分解识别的。

【案例 2-4】某企业对整体能力的识别过程

该企业是一家科技制造型企业,一直受到能力瓶颈的制约而发展受限。为开展生成式能力的建设和规划,企业进行了能力识别与分解工作,具体过程和内容如下。

1. 价值流分析

该企业通过波特价值链和相应价值流的分析,发现研发、市场、生产、服务是价值链上具有战略意义的关键价值活动。研发环节的体系研发管理、工程研制管理,生产环节的精益生产、风险管控,市场环节的渠道建设、挖掘增量、项目谋划,物流环节的供应链生态建设,服务环节的客户服务、售后服务、合同履约等关键因素对本企业提升效率和效益具有关键作用。

同时,该企业还发现在支持这些关键价值活动的辅助活动中,有几项活动也非常重要:一是信息化和数字化手段的灵活运用;二是质量控制、质量体系建设和质量运行管理水平;三是财务管理中的获利、催债、获现能力等。这些因素与上面识别出的企业关键价值活动成效大小息息相关,必须加以重点关注与提升。

2. 业务域分析

按照战略规划及业务模式内涵,该企业结合当前业务能力现状、价值流分析结论,梳理出与战略相呼应的 9 个具体业务域。

3. 能力集分析

该企业针对各业务域工作所需能力进行了再分解，确定出 27 项业务能力来承接业务域。比如市场营销与客户管理业务域，根据全寿命周期营销管理模式，该企业识别出售前、售中和售后各自的承载能力：售前需要提升从线索到订单转化的项目谋划能力和增量挖掘能力，以及覆盖总部、战区、国内和国际的多渠道建设能力；售中需要提升合同签订、合同跟踪到合同执行的履约能力，售后需要建立快速响应、保障高效的服务能力，并且针对市场运作中跨部门协作、人员能力等高要求提出了营销团队运营管理能力、文化协同和流程协同等业务能力需求。通过对 27 项业务能力进行再梳理再归纳，该公司初步确定了包含创新、质量、市场等在内的 6 项核心能力。

针对这 6 项核心能力，该企业辨识了它们之间的各自定位和相互关系：创新能力、市场能力、交付能力这 3 项是关键核心能力；质量能力是贯穿全员、全面、全过程的驱动力；信息化能力则是打通价值链各项业务活动的数字基石力，协同能力为其余六大能力运行提供机制保障和文化牵引力。每项核心能力都为企业的整体核心能力负责，形成共生共融、共进共荣的格局。

二、关键单项能力分析

看完了企业整体能力的识别分解过程和案例后，我们再来研究企业的关键单项能力如何进行识别分解。首先，根据企业经营目标，确定该关键单项能力的分解逻辑原则，明确从哪几个方面切入；其次，基于确定的原则逻辑和切入点，进行具体的维度分解和变量描述；最后，搞清楚该能力与企业其他职能的关系。单项能力的分解需要结合不同能力的特点展开，比如，盈利能力可以采用杜邦分析拆解，质量能力分解可以采用新时代质量管理体系进行细分。

下面看一个对盈利能力进行分解的企业案例。

【案例 2-5】某公司对盈利能力的分解

某公司面对激烈的竞争和行业规则的变化，为提升盈利性，着手系统分解盈利的来源，以期搞清楚存在的堵点问题后进行全面提升。

1. 经营目标分析

公司将经营目标确定为长期追求"有利润的增长，有现金流的利润"。这里面包括了 3 个关键词：增长、利润、现金流。公司认为这 3 个方面是企业盈利能力评价的基本面三角，能把 3 个维度同时做到优异的公司不多。为此，公司将盈利能力建设定义为以价值创造为驱动，以有利润的增长、有现金流的利润为目标的能力。保持增长是解决一切问题的起点和归宿，而公司要实现的是良性增长，良性增长就要求有利润支撑，"有利润的增长"评价的是增长的质量，"有现金流的利润"评价利润的质量，"有现金流的利润、有利润的增长"也正是公司经营高质量的直接体现。

2. 盈利性"五有"回报

有了上述认知，该公司站在股东和经营者的角度，确立了盈利性的"五有"评价维度：投资有回报、经营有利润、经营有增长、经营有资金、经营有效率，并坚持"五有"评价维度长期不变。为实现"五有"指标，该公司运用现代化的管理方法和工具，分阶段生成规范化、标准化、数字化、精细化、数治化、精准化的软能力，形成可持续、可推广、自运行的盈利管理系统，构建盈利生态，推动组织长期有效增长。

另外，根据"五有"评价原则，该公司通过几个盈利公式推导出盈利能力的 5 个变量。

公式一：利润 = 收入 − 成本。这个公式是一个恒等式，任何盈利都是收入减成本。把这个公式进一步拆解，就得到量、本、利模型；

公式二：利润 = 销量 × 单价 − 销量 × 单位变动成本 − 固定成本。拆分后，进一步清晰看到，决定利润的主要因素有："量"即数量、规模；"价"即价格；"本"即成本，包括变动成本与固定成本，量、价、本共同决定了企业的获利；

公式三：净资产收益率 = 利润率（多赚）× 周转效率（快赚）× 杠杆系数（大赚）。该公式为杜邦公式，它在前面两个公式的基础上进一步强调了运营的效率、资金杠杆。

该公司通过以上 3 个公式的分解，回归了经营本质，推导出盈利能力的 5 个变量：价格、销量、成本、效率、杠杆，背后的逻辑关系如图 2-2 所示。

最后，通过盈利能力分解，该公司重新定位了盈利能力与其他职能之间的关系。公司领导层认为，公司盈利可以从短期、中期和长期 3 个方面看。盈利短期看财务指标，比如，规模、盈利、现金流、效率、风险等，先让公司活下来；中期盈利看财务指标背后的能力提升，关注技术研发、营销、运营、投资、财务管理等方面的能力构筑，苦练内功赢未来；长期盈利则看企业的格局，比如，商业生态环境的健康、产业的可持续发展等，公司在行业中的地位及格局、维护上下游合作伙伴关系、和谐生态链打造等因素都会影响到长期盈利能力。华为内部有一句耳熟能详的话:"既要多产粮食,又要增加土地肥力",就是围绕盈利短中长期目标落地的思想。这样的思想也在指导这家公司的盈利能力建设工作。

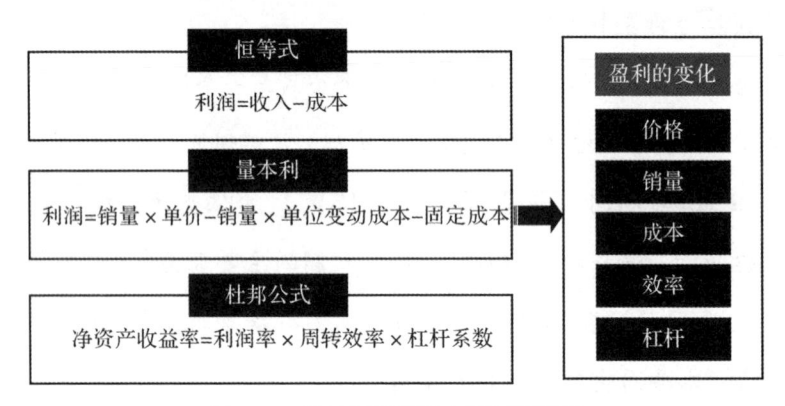

恒等式	盈利的变化
利润=收入−成本	价格
量本利	销量
利润=销量×单价−销量×单位变动成本−固定成本	成本
杜邦公式	效率
净资产收益率=利润率×周转效率×杠杆系数	杠杆

图 2-2 某公司盈利能力的逻辑关系

三、能力团队组建

上面介绍了企业能力的识别分解过程。在识别和分解能力后,企业要推动生成式能力工程落地,还必须组建能力团队。具体来说,组建能力团队有3种方式:一是组建专职团队,通常是跨职能的虚拟组织;二是给已有部门增加能力建设的职能,使之成为能力建设的领头单位;三是设有明确组织,分派给各相关职能部门或业务部门,自行决定是设置配套小组、专人专岗还是兼职岗位等。事实上,不少企业也都会组建能力团队,但往往流于形式、作用一般。因此,要让能力团队发挥作用,必须注意3个方面。

1. 能力建设团队负责人必须由企业一把手担任

在企业能力建设和提升的过程中,经常会出现业务发展与能力建设间的矛盾:有限的资源和精力究竟是投入当下的业务发展中,还是投入未来的能力建设中？当出现类似矛盾时，就必须由一把手拍板和决策，进行资源分配和内部协调，否则这就会成为能力建设中一个大的梗阻点。

2. 能力建设团队必须有考核权和监督权

很多企业的能力建设之所以进展缓慢、效果一般，一个很重要的原因是能力建设团队没有"实权"，无法打破厚重的"部门墙"。因此，能力建设团队必须有对其他部门的绩效考核权，以及对能力实施过程的监督权，缺一不可。

3. 能力建设团队必须选拔综合素质强的成员，兼顾各部门人选

企业的能力建设推进工作，不只需要专业技术知识，还需要沟通技巧、协调管理等多方面的技能，智商与情商兼备，因此其团队成员必须是一个"多面手"。此外，在能力建设团队过程中，需要照顾到企业各职能部门和业务部门的人员，不可只偏重于某个部门去选拔人员，这样才能让大家觉得公平。

下面，来看一家企业如何搭建强力又高效的能力团队。

【案例2-6】某企业搭建的能力体系团队

某企业在能力建设过程中，从一开始就策划成立自上而下、涵盖各业务单位和职能部门的体系化能力团队，其中能力专班尤为有特色。

1. 董事长挂帅

公司成立了由董事长挂帅、经理层全面负责的体系设计核心团队，基于关键能力分解和能力规划，制定发布了《能力体系建设整体实施纲要》。

2. "1+6+X"组织模式

公司明确能力建设的"1+6+X"组织模式:"1"即成立一个总体组,由公司一把手挂帅,抽调业务及管理骨干,负责能力建设整体架构设计、路径规划及效能评估等工作;"6"为可能涉及的六大业务牵头部门,由公司业务分管领导牵头,聚合业务归口单位,开展归口能力建设工作;"X"为能力建设工作专项组,由部门负责人组建,以跨部门项目组形式,落实工作行动项。

3. 确立支撑部门

按照能力建设与组织适配的原则,新成立四个支撑部门,调整科研管理部门、质量管理部门等部门的职责。公司将人力资源中心纳入综合管理部,同时负责组织绩效和员工绩效考核工作,打通能力建设绩效评价存在的部门瓶颈。

无论是通过扫描外部环境获取能力需求信息,还是进行能力识别、组建能力团队,都是在为激发企业的能力冲动做铺垫。那么,由谁来激发能力冲动、整合能力建设资源?这就是企业家,下一节我们将展示企业家精神作为源头是如何激发企业能力冲动并达成全公司能力共识的。

第三节　企业家精神:能力冲动源头

组织的发展首先必须是意识的提升和共识的达成。这与普通人面对困难时的选择一样,很多转念往往只在一瞬间,于是有人选择躺平,有人则选择行动。相应地,不同组织在面临能力瓶颈时,有的选择原地倒下，有的则选择奋力崛起。这背后都取决于一个关键人物，就是企业家。

人们常说，企业家的创新精神体现为对内外部资源和要素的创新性配置，是对困难问题的创造性解决。当然，这种说法没错，但它只是对企业家功能内涵的一般性描述。在如今这个变幻莫测和跨界竞争的内卷时代，推动企业能力建设、提升企业整体能力、强化核心能力、培育动态能力，已成为企业家责无旁贷的新使命。

为什么这么说？因为有了动态能力，企业才能持续不断推出新的有竞争力的产品和服务，而不是一招鲜吃遍天；有了核心能力，企业才能在内卷式竞争中保持定力而不会被轻易动摇根基。以前企业卖的是产品，未来企业卖的是能力，这背后的根本原因是发展阶段不同了。

时至今日，中国企业大体上已经完成了第一次的原始积累，也就是从0到1阶段，正在进入新的转型升级阶段，也就是从1到10、从10到100。在以积累为目标的第一个阶段，企业更多是问题导向、任务导向，不断解决问题、不断去打江山；而到了第二个阶段，就必须转为目标导向、能力导向。此时，主要任务不再是打江山，而是守江山、拓疆域，不同阶段的能力状态是不一样的。诚然，在行业和业务稳定的情况下，问题导向也可以实现目标、解决问题，但对企业长远的竞争力的帮助有限。所以，在企业发展的第二阶段，必须从原来的逆向过程转为正向过程。所谓逆向过程就是从"问题导向→提升能力"，是在解决问题、实现目标的过程中去不断积累和培育能力；正向过程就是从"能力导向→解决问题"，即通过能力的提升去解决碰到的各种问题。在二次创业的关键阶段，一个不重视能力提升的企业家，很难当一个合格的企业家；一个不注重生成式能力的企业家，也很难用创新推动企业高质量发展。

那么，企业家在推动生成式能力工程中究竟发挥了什么作用？

具体来说，企业家发挥了三重作用：一是激发形成组织的能力冲动，让自己的个体冲动变成整个组织的冲动，并在组织内部达成思想共识；二是从战略上制定能力建设规划，让组织共识变为组织战略；三是选择能力建设的落地方法、优化配置资源，让组织能力建设从战略变为行动，而且是长期行动。其中，关键的第一步就是能力冲动，这是生成式能力出现和成长的根基。

那么，企业家精神该怎么激发组织的能力冲动，怎么在企业里达成共识，又怎样让能力建设落地实处？

下面，不妨让我们看一些实例，以加深我们的理解。

【案例 2-7】某传统制造企业的降本共识与能力冲动

F公司是一家传统制造业企业，从事汽车零部件的研发、制造和销售。按照一般人的理解，这家企业所在的行业是典型高能耗、高投入行业，竞争激烈、内卷严重，企业一定叫苦不迭。然而，这家企业的神奇之处，在于一把手（以下简称"Z总"）喜欢行业内卷，"内卷得越厉害，我们越开心"。这背后的原因，恰恰就是Z总洞悉了行业竞争的规律，通过一系列举措在企业内部达成了降成本的全员共识，培育出了让企业在任何时候都能从容应对的一种独特动态能力。也正因为有这样的底气，Z总才会说，"行业内卷越厉害，我们越向内挖掘降本潜力，有了这种能力，我们就不用怕内卷。"

降本能力是企业极为重要的能力，但这种能力难以从外部引进，必须靠企业自身的演进和试错获得，最终形成一种企业基因。从2010年至今，这家企业一直在降成本、降风险的路上使出各种奇思妙招，可谓降成本的高手。具体来说，主要有3个方面的创造性做法。

1. 推动"新大包干制"，降低一线车间成本

Z总有一句名言："处处是黄金，遍地是浪费"，意为车间到处都有跑冒滴漏导致的成本浪费，如果能够将这些跑冒滴漏堵住，就能节约大量成本支出，反过来就是为企业创造了效益。按照这个思路，企业通过具体调研，根据车间一线的工作特点，很快出台了"划小责任单元，落地承包责任"的办法。办法规定：开展部门承包责任制，实现"千斤重担人人挑、人人肩上有指标"。通过划小责任单位，签订年度责任状，月度考核年度兑现承包奖励。部门负责人根据业绩完成情况实行一年一聘任。

Z总将这种办法称为"新大包干制"，首先在车间做试点，即给车间设定可控成本费用包干。根据车间对生产过程的成本实际管控情况，节约成本金额的50%直接奖励给车间相关人员，超耗金额的50%则考核车间，由车间承担。奖励或考核金额按当年实际贡献或责任大小分配到个人。在这种激励下，某个车间运行3个月，包干费用节约83.7万元，车间受益41.83万元。

在生产环节试验成功后，该公司先后开展了车间成本费用包

干、生产任务包干、质量安全包干、部室业务包干、薪酬包干、费用包干等。通过实施包干制，公司经营质量显著提高，运营成本降低23%，产品不良品率降低12.6%，全员劳动生产率提升56%，人均工资增幅45%。

2. 变革工艺产线，降低生产制造的综合成本

Z总发现，外部客户订单"多品种、小批量、个性化"的趋势越来越明显，一种产品需要至少一套模具，生产线切换频繁，要求快速响应。然而，企业采用的是传统离散型制造，难以满足客户要求，导致生产成本高、能耗大。此外，煤炭、钢铁、有色和石化等原材料成本快速上涨，必须找到降低成本的新方式。

面对这种情况，Z总大胆提出进行工艺变革，从离散型制造转向连续型制造。为此，全公司相关部门用了整整5年时间，通过虚拟仿真形成数字化车间布局，研发攻关打通生产上下游工艺中的四个关键离散点，用定制化采购和产学研合作方式引入先进的数字化装备、工业机器人、传感器、信息化软件系统，对生产全流程进行适应性整合，不仅做到物理连接和信息连接的"双连接"，还攻克了在线质量管理的关键技术难题，最终形成了生产全流程工艺整合的连续生产新布局。这一变革颠覆了行业传统工艺技术，实现了汽车复杂零部件的精益化生产和敏捷制造，产品制造周期由原来5天缩短到1天，适应了小批量、多品种的客户需求模式，大幅度降低成本和能耗，生产效率提升35%，能源利用率提高46.3%。

3. 从节能入手，通过厂内设置太阳能光伏大幅节约用电量

Z总意识到，在国家"碳中和"政策和绿色发展新理念的指引下，企业必须主动向内挖掘潜力，通过能源模式的变革实现用电成

本的下降和绿色可持续发展。于是，公司以内创业分步建设模式累计投资数千万元完成分布式光伏发电项目，该项目年可发电量2000万度。年发电量收入依据是将光伏实际发电量视同为免用电网电量，按电网电的平均价格乘实际发电量测算，扣除项目年折旧部分，项目收益率在23%左右。

为让员工心系企业，进一步促进员工在企业中的主人翁作用，Z总又提出，公司每年按内创业投入的12%让员工受益。以6年回馈期为例，参与内创业项目员工投资累计受益近4000万元，企业实际总受益5000余万元，基本收回投资成本。

不论是变革行业曾经占据主导地位的工艺技术，还是引入大包干制激发一线员工的积极性，抑或是搞太阳能光伏发电降低传统能耗，核心都是围绕"内部挖掘、降低成本"这一条主线展开，Z总为整个公司注入了一种降本增效、不惧竞争的理念，让从高管到中层干部再到基层员工的降本方法持续更新、降本能力能力持续提升。

案例2-7中的Z总是专业出身，下面案例2-8中的主角则是从一个外行做起，但同样经历了对能力提升的思考和不断实践，最终持续激发起企业内部的能力冲动、推动企业的能力建设稳步向前。

【案例2-8】某高科技企业一把手的能力冲动历程

这是一家高科技企业，公司的一把手（以下简称"C总"）从年轻时就酷爱思考，"如何将一个组织打造成有能力又可持续发展的状态"是他一直以来都在探索和试图回答的问题，20多年都没有停下思考的脚步。为了回答这个问题，他经历了三个不同的阶段。

1. 第一阶段：早期担任部门负责人的信息搜索和学习获取阶段

早年间，C总在别人的推荐下看过一本关于华为管理的书，当时华为并没有像现在这样出名，但他已经被华为的理念和做法所震撼，尤其是当看到可持续的竞争力不是靠人，而是靠一种软的制度，靠企业内生的能力实现生生不息。这给了他巨大的冲击，如何培育这种能力？于是他自己开始学习。怎么学？用"拿来主义"的方式学习华为等领先企业的理念、做法和工具，"我在照搬照抄他们一些东西的过程中，发现不是这么简单可以拷贝过来的，但是确实在不断地呈现效果。"运用从外部学习获得的知识，结合自己的理解，C总将这个部门很快带到了企业前列。

2. 第二阶段：担任某新设部门负责人内外兼修的阶段

在这个部门干了一段时间、对能力建设初有体会后，C总被任命为企业内另一个技术部门的负责人。但他本身并非专业出身，专业严重不对口，如何管理一群搞技术的人？很快他意识到自己的能力不够，于是拼命去学习，学习管理学、经济学，学习专业技术，学习沟通和说服人的技巧。"这几年对我的能力成长很重要，我经历了一个从技术门外汉到专业人士的转变，从凭借直觉管理到运用专业的管理方法工具的转变。"也正是这段经历，让他意识到能力的改变首先是认知的改变、价值观的重塑，然后是先进管理方法和技术工具的引入。

随后，C总又被公司任命去组建一个新部门，任务就是探索创新的产品和科技应用。然而，这个新部门给C总配的"兵"相比技术部门的人员来说，从学历背景、工作履历到阅历认知，都有很大差距。C总又面临一个让他挠头的问题，他发现自己想干的事，靠现在这个团队很难做到，"一是人的基础不行，二是他们对这个岗位的理解不够……实际上，这就是能力和目标不匹配、不相称问题，所以就必须搞能力建设，能力不建设履行不了使命，能力不建设完成不了任务，我的任务就是让那些不知道自己行的人行起来"。

具体怎么办？一方面继续写学习领先做法、向外求索；另一方面向内提升团队人员的能力，改变他们对这个岗位的认知和理解，同时调整组织结构。C总利用华为改造人价值观的做法，和每个员工谈心，问了几个问题：你怎么看待你的工作？你想做成一个什么样的自己？你现在觉得这个工作你满意吗？这个岗位你喜欢还是不喜欢？你想做什么工作岗位？你觉得我怎么才能当好部长？

这种做法是一种因人设岗的思路，旨在给予员工一种新的选择机制，激发每个人的活力和潜力。在谈心摸底之后，C总开始天天带着大家头脑风暴，一个月一次带着大家出去拓展训练，让每个人完全变成另外一个人。为了让自己的能力提升计划顺利落地，C总在担任该新设部门的负责人三天后，就去找公司领导要了3个条件：第一，要指挥权，要对员工有考核权和奖励权；第二，领导必须坚定支持他，即便某些做法可能错了，别人来告状时，领导也必须支持，后面会改正；第三，当该部门业绩做得好时，就要调奖励系数，让该部门成为公司最好的部门平台。

C总的这种思路和方法，用了不到3年时间，就把一个二类处室带到了一类，这个部门变成了整个公司最与众不同的部门，最让人羡慕和有吸引力的部门，也是最团结拼搏和最出成绩最出人才的一个部门。

在C总看来，内外兼修的能力提升，一方面是外部理念、方法和工具的引入和实践；另一方面是内部有授权、搞定领导、搞定员工、也搞定自己，让整个团队变强大。

3. 第三阶段：担任公司一把手的深度实践阶段

在第二阶段任务完成后，C总被集团公司任命为下属某子公司的一把手。彼时的公司经过前期发展已经具备一定基础，但一方面竞争形势和市场需求发生了深刻变化，另一方面国有企业原来的各种惯性思维、传统管理方式等东西也都完全继承了下来。这让C总意识到，当前企业的整体能力薄弱，下一步要实现大发展难度很大。这再一次激发了C总的能力冲动：必须推动能力建设，必须提升全员能力。通过调研和诊断分析，C总将能力提升建设划分为三个阶段，也就是要打三大战役：第一个阶段的战役是建能力基础；第二阶段的战役是建能力体系；第三个阶段的战役是提升能力，形成能力的质变，这是真正提升能力的攻坚战。

这三个阶段中，C总采用了大量科学工具和方法，分解能力需求、绘制能力地图、制定能力行动方案、评价能力成效……显然，经过前期对能力建设的摸索和实践，这一次C总对能力冲动的激发、能力建设的过程更加有底气和把握。

从案例2-7和案例2-8中不难发现，企业家的意识、决心、思路对生成式能力工程起着决定性作用，所以这是一项不折不扣的"一把手工程"。要让这个一把手工程落地见效，势必首先激发出全员能力冲动、达成全员能力共识。因为人最大的财富在他的头脑里面，解决了思想问题，头脑中的财富就会像石油一样源源不断地产出。当然，激发能力冲动、达成能力共识、进行能力分解只是第一步，要让生成式能力工程顺利推进，还要从工程化的角度寻找能力的关键质变点，这就是下章要介绍的内容。

第三章

工程化分析：能力质变点
—— 找到关键质变点，瞄准生成式能力突破口

要让企业形成可持续的生成式能力，首先是用工程化思维设立能力标杆、明确能力差距，以找到要突破的关键质变点。关键质变点是否准确，直接关系到后续的能力落地措施成效。本章阐述设定能力标杆，其次介绍确定质变点/基线的方法。

第一节 瞄准目标：设定能力标杆

所谓能力标杆，就是企业要达到的理想能力状态，它是企业目前尚不具备但通过努力想实现的能力榜样、能力标准或能力参照物。这个参照物可以是行业内的最佳实践标杆企业的能力状态，也可以由企业自己设定能力标杆。不管怎样，企业要根据自身的战略目标和行业竞争现状来确定能力标杆。能力标杆的设定既不能好高骛远、无法实现，但也不能定得过低、缺乏挑战。最好的方式是通过3~5年努力能够得着的目标。另外，还必须指出，由于对能力本身进行量化评价存在一定困难，所以企业的能力评价通过产品和相应参数来体现可能更好，能力标杆也经常通过具体产品和技术参数的方式

进行筛选和设定。

那么，究竟用什么方法来设定能力标杆？

具体来说，设定能力标杆有几种常见方法：一是设立前沿守门人，专门搜集行业前沿动态，发现行业能力发展趋势，从而设立自己的能力标杆；二是调研全球领先企业，确立自己的能力目标；三是根据行业内的通用标准设定能力标杆；四是企业自主设定能力目标。

一是确定能力守门人设定能力标杆。所谓能力守门人，类似技术守门人，是指那些时刻跟踪行业前沿发展趋势和技术发展动向，进而关注和分析能力发展要求，及时为企业一把手和相关部门提供信息的专业人员。企业内部设立专职的能力守门人，可以为领导层提供一线的信息动态和行业能力发展阶段判断，有助于企业紧跟行业前沿设立能力标杆。

二是对标业内龙头企业设定能力标杆。这是指企业直接对标全球行业内的龙头企业或领先企业，研究其能力标准和构成要素，并结合本企业实际情况将龙头企业能力标准设定为能力标杆的方法。

三是依据现行通用标准设定能力标杆。这是指企业依据能力的国际标准/指南、国家标准/指南或者行业标准/指南的内容细则，结合本企业实际情况设定能力标杆。比如，企业在数字化转型能力标杆设定方面，可以参考《信息化和工业化融合数字化转型价值效益参考模型》（GB/T 23011—2022）；在供应链数字化能力标杆设定方面，可以参考《信息化和工业化融合管理体系供应链数字化管理指南》（GB/T 23050—2022）等。

四是企业自主设定能力标杆。这是指企业基于自身战略目标，充分发挥主观能动性，通过创新性的思维和构想来设定面向未来的能力标杆。

这4种方法中，前3种方法都是在行业的现有框架内寻找最佳实践，最后一种方法则要跳出行业现状，由企业自行设定能力目标。这既需要有勇气也需要足够的底气，尤其是一把手的决心，通常行业内的领先企业会选择这种做法。下面，我们用案例分析的方法，选取三种方式向大家展示如何设定能力标杆。这三种方式分别是：对标龙头企业设定能力标杆；瞄准现行行业标准设定能力标杆；发挥想象力设定能力标杆。

一、对标龙头企业设定能力标杆

这种方式的关键在于既要对标一流企业，又要结合自身情况和市场需求加以改造。

【案例3-1】某材料企业对标全球领先企业设定能力标杆

该企业是一家长期从事电热合金材料的研发制造企业。近些年，我国的高性能电热合金等材料主要依赖进口。随着国际贸易摩擦加剧，欧美等国对我国芯片等高端产品及技术进行限制，为化解行业发展风险、保障产业链安全，迫切需要研制能替代进口的电热合金材料并实现高质量的产业化。正是在这种背景下，该企业走上了通过提升自主研发能力实现国产替代的道路。

实现这个目标的第一步,是进行准确的国际一流对标,摸准市场需求,锁定细分领域推进产品设计。为此,公司通过两种方式推进工作。

1. 对标行业龙头

作为主攻方向,对标国际一流电热合金材料企业瑞典某公司的四款领先的合金型号产品。通过解析,发现其产品拥有更高温度下的高抗氧化性能、更好的高温下抗蠕变性能、更稳定的电阻特性以及更优秀的电热元件加工性能,以此为基础对标开发本公司的四个产品谱系。

2. 进行客户调研

公司组建了市场技术调研小组、材料解析小组和验证试验小组,通过技术人员客户走访、同行材料深度解析研究和客户验证对比试验三种方式,结合公司现有技术、生产及品控能力,组织对客户提出的产品特性需求进行展开,并逐一转化分解为产品质量要素,明确了公司在合金设计、技术工艺方面的主攻方向。

二、依据现行通用标准设定能力标杆

这种方式是瞄准现行行业标准设定能力标杆,这种方式的关键在于既要对标一流企业,又要结合自身情况和市场需求加以改造。

【案例 3-2】某企业瞄准某新质量体系标准设定质量能力标杆

该企业是一家为企业提供服务(to business)的制造型企业,甲方对产品质量的要求在逐年提高。与此同时，该企业发现产品质量的问题数量呈上升趋势，质量形势严峻，其中元器件质量占比问题持续超40%，操作类质量问题增长到22%，外购件质量控制、员工质量意识建设等都存在薄弱环节。针对这一系列的质量管理和质量能力问题，该企业决定开展质量建设提升工程。

为顺利推进该目标的实现，公司开展了系统的前期能力标杆设定工作。经过一系列前期的标准搜索和基础研究工作，公司决定以某新质量体系标准作为能力标杆的设定标准。公司采用了试点示范的方法推进某质量新体系标准的落地，深入开展精益星级现场管理和卓越绩效管理。具体来说，公司采取"架构引领、流程主导、要素融合、互联网技术（internet technology, IT）支撑"的方法构建贯通战略、业务模式、流程的6层级流程体系，将质量管控要素融入全业务域、全业务流程，形成本地化的精准可靠质量管理模式，以"流程高效运行、结果精准可靠"为保障推动产品敏捷、高质量交付。在这套对标方法实施3年后，公司通过国内权威认证机构组织的三级审核评价，成为国内第六家通过三级审核的企业，显著提升企业的质量管理体系化水平。

三、企业自主设定能力标杆

这方式是发挥充分的想象力设定能力标杆，这种方式的关键在于突破常规框架，又要具有真正落地和持续试错优化改进的空间，而不是天马行空漫无边际。

【案例 3-3】马斯克给"星舰"设定的超常规能力标杆

美国企业家马斯克坚信可持续能源和太空探索是未来发展的重要方向，因此投入巨资研发电动汽车和可回收火箭，推动清洁能源和太空探索技术的进步。他设定的可回收火箭的能力标准，与现行任何一家航天强国公司的技术路线都不同，是对人类航天理念和技术的一种革命性突破。

1. 全新理念与标杆设定

马斯克的"星舰计划"采用了全新的设计理念和技术手段，旨在降低太空探索的成本，提高载人航天的可靠性和安全性，最终实现移民火星的目标。传统火箭发生成本过高，星舰则是一种可重复使用的太空飞行器，具有大型货舱和载人舱，可以携带大量的货物和乘员，执行多种任务。一位星舰项目的投资人曾判断，成本将从 20 亿美元降到 1000 万美元。试想，星舰一旦成功，将大幅度降低发射成本，让很多遥不可及的太空梦变为现实，为人类的生存找到了一条全新道路。

2. 持续实验迭代

截止到 2024 年 5 月，马斯克的"星舰"计划已经成功进行了四次试射，并对每一次出现的问题进行了快速优化和改进。在第四次试飞中，"星舰"重型运载火箭在印度洋实现了溅落，超重助推器则在墨西哥湾实现了软着陆。这一消息在全球掀起波澜，马斯克正在朝自己设定的可重复使用火箭和飞船的能力标杆稳步前进，总有一天会突破太空对人类的禁锢。

上面介绍了几种常见的企业设定能力标杆的方法，下一步就是对比发现能力差距，明确能力质变点/质变基线。

第二节　质变基线：明确能力差距

能力不是一天就生成的，一定是日积月累长出来的。这就像人们经常说的"1.01 的 365 次方是 37.8，而 0.99 的 365 次方等于 0.003。"生成式能力就是一个典型的积分过程，必须通过日日积累和坚持不懈的恒心来完成。

在这个过程中，有一个关键的概念"质变基线"。所谓"质变基线"，是指企业在能力生成的渐变过程中，由量变引起质变的质变点或临界线。当达到质变基线时，企业在某方面的能力就会产生显著改变。所以，对企业来说，找准自己的质变基线至关重要。

具体来说，质变基线由企业根据设定的能力标杆目标来判断，通常用各种指标进行描述界定。企业在实际操作质变基线时，对能力质变基线的设定可以分两步走：第一步，确定大面上的能力质变基线关键维度，比如有 5 个关键维度要设定能力质变基线；第二步，对每个维度的能力质变基线选择具体的指标加以设定。

一、确定能力质变基线关键维度

一是质变基线是企业现有能力与能力标杆之间的某个特定的能力状态，是达到能力标杆的必经之路和阶段里程碑，也是企业进行阶段性能力攻坚瞄准的具体目标。企业只有达到能力的质变基线，才有可能最终达到能力标杆的水平。

二是在企业发展生命期的不同阶段，能力的质变基线可能会有动态变化。比如，在早期发展阶段，企业的质变基线可能相对较低；到了快速成长阶段，企业的质变基线就要随之大幅提升。所以，企业要根据自身实际发展情况，在不同阶段设定既有高度又有合理性的质变基线目标。

三是质变基线通常要用相关指标进行确定，指标的设定既可以是定量指标，也可以是定性指标。对于能用定量指标加以确定的能力质变基线，就一定用定量指标；对于其他不适合用定量指标的情况，则可以采用定性指标。

四是能力质变基线设定的指标要可以测量和比较。比如，企业通过设定的能力质变基线指标和能力现状指标进行对比，判断出能力现状指标与能力质变基线相差20%，就会为企业提供下一步能力攻坚改进的努力量化标准。

二、确定具体能力质变点指标

寻找能力质变点有两种思路。一种是从职能部门的角度，设定各自专业范围内的能力质变基线标准，如各种技术参数等，这是相对传统的思路；另一种是从创新链难点痛点的角度，看哪些是当前的"卡脖子"瓶颈，将突破"卡脖子"瓶颈作为能力质变点的指标，这是相对新颖的思路。比如，企业前端的研发环节是一个大的瓶颈点，包括基础研发、技术原理、技术路线等瓶颈，一旦突破就会让企业焕然一新，那么企业就可以此为基础来设定能力质变基线。再比如，我国很多企业虽然在实验室里攻克了核心技术难题，但却无法实现工程化量产，背后的关键原因就是装备受制于人。很多企业虽然花了高价钱买了国外厂商的设备，但国外厂商对设备的核心部件、底层代码和维修技术一直封锁，一旦设备出现问题，中方人员都无法接近，生产持续不达产、原件配换都要几个月是常态。在这种企业中，就应该将装备能力作为设定能力质变点的指标。

下面，我们看一个实例，探究企业究竟如何设定能力质变基线。

【案例 3-4】某企业设定的能力质变基线

某企业在发展过程中，将能力提升作为一项重要工作，并分 3 个阶段，用"三大能力战役"的方式加以推进。第一个阶段是"建能力基础"，第二个阶段是"建能力体系"，第三个阶段是"能力上台阶"。公司领导认为，第三个阶段要实现能力的质变突破。为此，结合公司的实际情况和关键职能，设定了内部 6 大能力的质变基线，发起"攻坚战"。这 6 大能力具体是研发创新能力、产品交付能力、市场服务能力、质量能力、盈利能力和信息化能力。

1. 创新能力

该企业创新研发能力要突破的关键瓶颈点是产品设计质量，重点体现在设计质量问题、创新平台建设、关键核心技术突破等方面，为此设定如下 5 项质变基线指标：

（1）设计质量问题下降 ≥ 60%；

（2）国内领先关键核心技术占比 ≥ 50%；

（3）领域国家级创新平台 ≥ 1；

（4）牵头获得国家（行业）科技进步奖一等奖 ≥ 1；

（5）重点领域优势单位合作率 ≥ 90%。

2. 产品交付能力

该企业产品交付能力的关键瓶颈点是供应链能力，重点体现在翻修周期、物资按期齐套率、产品生产产能等方面，为此设定如下3项质变基线指标：

（1）物资按期齐套率100%（全面）；

（2）典型产品生产/返修周期同比缩短5%；

（3）典型产品生产产能达到10000套/年。

3. 市场及服务能力

该企业市场及服务能力要突破的关键瓶颈点是快速响应甲方要求和为甲方提供定制化产品，保障甲方需求，重点体现在业务增量、响应能力、技术服务、统筹规划等方面，为此设定如下4项质变基线指标：

（1）创新业务增量同比增长8%；

（2）业务统筹能力指数达到95；

（3）响应能力较上年提升30%；

（4）技术服务能力指标达到90。

4. 质量能力

该企业质量能力要突破的关键瓶颈点是制造和检验质量提升环节，体现在故障率、低层次质量问题、国际质量标准等级评价等方面，为此设定如下3项质变基线指标：

（1）外场故障率连续两年持续下降，且不超过2%；

（2）低层级质量问题连续两年为0；

（3）新体系标准通过四级评价。

5. 盈利能力

该企业盈利能力要突破的关键瓶颈点是存货治理和多级账应用，重点体现在价格生成机制、现金流改善、成本管控、两金周转等方面，为此设定如下 4 项质变基线指标：

（1）完善的价格生成机制；

（2）主价值链成本管控体系，销售利润率高于 5%；

（3）两金周转稳步提升；

（4）现金流稳步改善，资产负债率保持稳定。

6. 信息化能力

该企业盈利能力要突破的关键瓶颈点是数据治理，重点体现在数据管理、智能制造、核心业务数据模型改进、管理体系量化运行等方面，为此设定如下 4 项质变基线指标：

（1）数据管理能力成熟度达到 4 级标准要求；

（2）智能制造能力成熟度达到 4 级标准要求；

（3）核心业务基于数据模型改进优化 80%；

（4）管理体系量化运行 80%。

该公司在设定了质变基线后，对相应的 6 大项能力、23 个指标体系进行了评价，结果为 65 分，离达到质变基线的目标还有一定距离，但这让全公司各职能部门看到了自身的能力差距和努力方向。

企业能力质变的前夜永远是黑暗的，但黎明就在长期积累突破的那一瞬间。设定精准的能力质变基线，会帮助企业更好地配置资源、更快速地达成目标。这背后既需要转变思维方式，也需要应用科学工具，更需要耐心和决心。这些最终必将带来生成式能力的跃升。下一章，让我们一起看看企业如何用工程化的方法加速提升能力。

第四章

工程化解决：地图－行动－验证
——用科学工具和方法，加速提升能力

从靠经验去找问题，到采用科学的方法和工具解决问题，是工程化的核心思维。生成式能力工程建设，就是要采用一系列符合企业实际情况的科学方法与工具推动能力的生成、提升和优化发展。当然，科学方法并不意味着否定经验，而是用一套更具组织记忆的工具方法，把原来的经验最大化地转变为可以低成本高效率重复使用的知识体系。具体来说，企业需要在找到能力质变点的基础上，通过建立能力攻关地图、确定能力行动方案、设计能力考核标准和验证评价进行能力建设的优化迭代。本章介绍基于"地图－行动－验证"思路加速提升企业能力的科学工具和方法。

第一节　建立能力攻关地图

所谓能力攻关地图，是指企业在确定能力关键质变点的基础上，根据设定的能力标杆，针对当前人员、资源、模式等能力要素的不足，描绘出的一种能力从低到高、从弱到强、从局部到全面的落地解决方案路线图。企业在建立能力地图时，主要有两种思路：第一种是业务思路，即基于价值链工具，通过对特定业务能力颗粒度的逐级细分，建立业务"由粗到细"的能力攻关地图；第二种是职能思路，即通过对特定职能能力颗粒度的逐级细分，建立职能"由大到小"的能力攻关地图。

无论是哪种思路，能力攻关地图都主要包括三个方面：

一是能力要素，是指能力攻关的关键要素包括哪些方面。比如，有的企业将研发能力、质量能力作为自己能力攻关的重点，有的则将工艺能力和营销能力作为关键能力加以提升。能力要素解决的是"内容"问题，即做什么。

二是能力路径，是指企业根据设定的能力目标制订清晰可行的步骤计划来实现这一目标的路线。如何从低能力到高能力，从弱能力到强能力，不同企业有不同的实现路径。能力路径解决的是"路线"问题，即怎么走。

三是能力方式，是指企业达到能力标杆采用的具体方法。比如，有的企业通过开放创新的方式提升能力，有的通过内生培育的方式达到。能力方式解决的问题则是"方法"问题，即怎么做。

图 4-1 展现企业能力攻关地图构成要素。

图 4-1 企业能力地图的构成要素

需要指出，能力攻关地图是一种形象的比喻，能否最终达到目标要看企业自身的规划是否清晰、执行是否得力。同时，能力攻关地图必须与实际的使用场景与实际的价值展现结合，所以必须让所有人快速看到业务能力攻关地图的价值，否则就很可能成为纸上谈兵。当然，能力攻关地图的绘制既需要基层业务骨干们根据实际工作经验提出能力模块建议，更需要相关专家和企业领导层从战略层面进行深入和有逻辑的思考。

下面，我们来看两个案例，就能对企业能力攻关地图有更深的理解。

【案例 4-1】某传统制造企业的能力攻关地图

某制造企业（以下称"F公司"）在发展过程中，面临的行业竞争越来越激烈，客户的多品种小批量定制化要求越来越高，产品工艺老化、制造成本高（浪费严重）、产品质量不稳定成为制约企业高质量发展的三大瓶颈。为此，F公司通过前期调研，直接对标国际同行领先企业，确立了提升企业能力的路线图，从能力要素、能力路径和能力方式三个方面开展了具体工作。

1. 能力要素细化

F公司把工艺能力升级、降本能力改进和质量能力提升作为三个主攻方向。其中，工艺能力要从传统的离散生产工艺升级到先进的连续生产工艺；降本能力是把显著降低能耗、转场物流成本和备件丢失损耗作为目标；质量能力则要从传统的人工经验型抽检提升为在线质量全检。

2. 能力路径制定

为达到这样的能力目标，F公司在能力路径规划上制定了清晰的实施方案，即以工艺能力突破为核心，带动降本能力和质量能力的同步提升。在工艺能力提升上，F公司确立了从技术仿真入手，再进行实体链接形成连续生产工艺的路径。具体的实施路径分成"五步走"：

第一步，通过数字化协同设计软件布局生产线工艺和装备，进行生产线总体初步规划、设备分析、生产线物流规划、生产线布局规划、人机工程分析、平衡性和瓶颈分析，优化区域内布局，从工位开始搭建，保证工位布局的合理，最终形成数字化车间布局；

第二步，基于数字化车间布局，按照"设计引领、不犯错误"的原则，确立打通生产全流程中4个关键工艺环节点的连接：下料→加热，锻造→热处理，热处理→抛丸，抛丸→探伤；

第三步，按照数字化、自动化、智能化的建线原则进行设备选型，向供应商提出单机数字化、信息化水平的详细要求；

第四步，根据工艺需求自主开发或二次开发控制软件，布置各类监控传感单元进行信息采集和收集，做到全流程工艺的物理连接和信息连接；

第五步，在质量管理上，研发全流程工艺整合背景下的一系列在线质量监控管理关键技术，克服传统锻造质量以事后和线下监控管理为主的不足。

3. 能力地图落地

在能力方式方面，F公司确定了从示范线建设到全公司推广、自主研发与合作研发并举的落地方式。

首先，F公司投入数亿元，新建精密制造中心工业园，分两期建设，其中一期引入新的工艺生产线作为示范线，同时改造搬迁老厂区传统生产线，升级改造部分旧设备，逐步将新的产线在全公司内加以推广。这种能力提升方式让公司内部的老设备和人员等实现渐进性的迁移。

其次，F公司采用了多种研发攻关方式，大幅提升了自身的创新能力。一是与设备供应商开展合作创新，通过定制化采购方式进行设备的数字化改造，实现全流程生产工艺的物理连接。比如，在签订设备合同时，F公司根据全流程工艺整合要求让设备供应商提前预留好传感器和网络接口，确定网络接口和传感器放置、主机与外围设备的联系方式、数据的回传路径等，当主机和所有设备采购完成后，由F公司集成整合。二是与相关专业研究机构合作开发生产控制软件系统。比如，F公司投入数百万元与北京两家专业机构合作开发生产执行系统（manufacturing execution system，MES），并与设备、质量、能源等模块进行了综合集成。三是开展产学研合作。比如，F公司与华中科技大学进行产学研合作，在生产中同步随线采用工业机器人对面结构光三维测量系统进行定位实现自动化在线标定，保证测量系统的精度。在企业能力提升的过程中，F公司分别与华中科技大学、德国费劳恩霍夫研究所五所大学及研究院所进行了9个项目研究合作，解决了生产数字化改造中的多个关键工艺技术难题。

从这个案例可以看出，F公司的能力要素界定准确、能力路径规划清晰、能力提升方式符合自身实际，整个能力攻关地图让全公司形成一致的目标方向稳步前行，收效良好。下面这个案例企业则在能力攻关地图中，采用了一种独特的内部组织方式实现了能力稳步提升，让我们一起来看看其中的奥秘。

【案例 4-2】某科技型企业系统谋划的能力攻关地图

某科技企业（以下称"N公司"）在发展过程中，深感提升自身能力和竞争力才能满足甲方需求、在行业里站稳脚跟。为此，公司提出"强基固本"的总体思路，基于这一思路提出能力攻关地图，具体包含能力要素规划、能力路径规划、能力方式规划三个方面，具体见图 4-2。

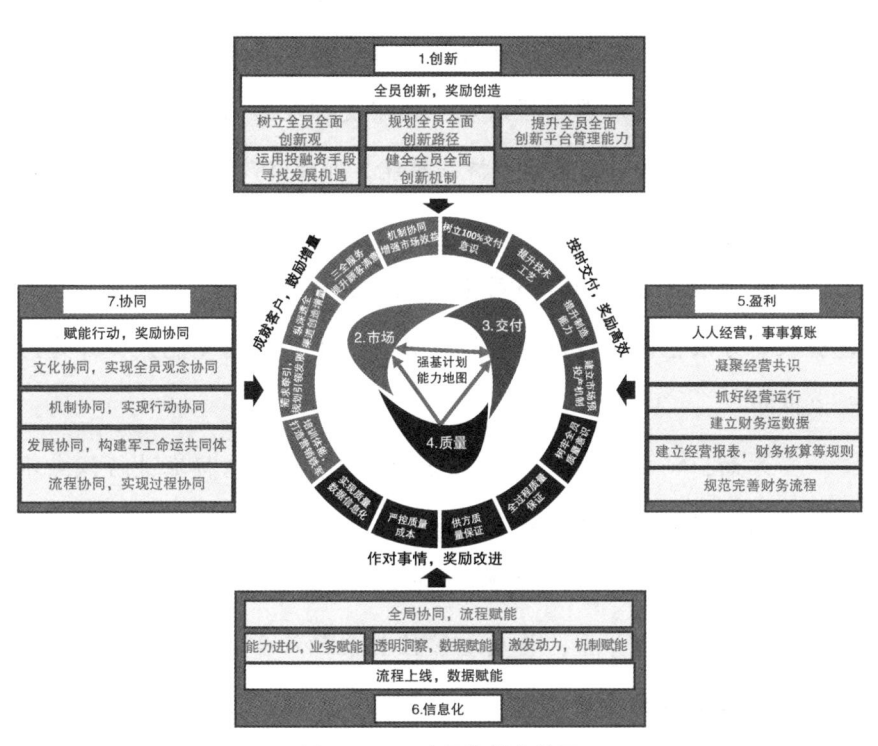

图 4-2　N 公司的能力地图

1. 能力要素规划

在能力要素方面，N 公司按照战略及业务模式，结合价值流分析等工具，梳理出相应的 12 个具体业务领域，使用组件化业务模型（component business model，CBM）对细分业务进行盘点，确定出

40 余项业务组件来承接业务域。随后,通过业务与能力的映射分析,进一步提炼出包含创新、市场、交付、质量、盈利、信息化和协同的 7 项核心能力。

2. 能力路径规划

在能力路径方面,N 公司把 7 大能力划分为 3 类:通用支撑能力、核心业务能力、结果产出能力。其中,通用支撑能力包括创新能力、信息化能力和协同能力;核心业务能力包括市场能力、交付能力和质量能力;结果产出能力包括盈利能力。从图 4-2 中可以发现,N 公司的能力地图逻辑是基于通用支撑能力的提升,在业务能力提升的同时为核心业务能力持续赋能,并最终改善结果产出能力。

3. 能力方式规划

在能力方式方面,N 公司主要采用了自主研发、对标学习和工具引入等方法,同时辅以外部战略合作。下面以质量能力提升为例加以说明。

一方面,N 公司从外部引入全面推进某新体系标准进行试点示范,深入开展精益星级现场管理和卓越绩效管理,采取"架构引领、流程主导、要素融合、IT 支撑"的方法构建贯通战略、业务模式、流程的 6 层级流程体系,将质量管控要素融入全业务域,全业务流程,形成本地化的精准可靠质量管理模式,以"流程高效运行、结果精准可靠"为保障推动产品敏捷、高质量交付。

另一方面,N 公司在内部不断创新质量机制,提出"第一次就把事情做对"的质量观,启动实施"全员质量意识提升工程"。公司与各级相关部门签订质量责任承诺书,开展质量宣誓,层层传递并压实质量责任;设置"质量进步奖",单项最高奖金 20 万元;实施质量等级评定，量化积分考核，评选质量等级产品、星级员工、星级班组、星级部门，四级联动争创质量荣誉；按"首席＋资深＋业务"梯队模式建设运行"首席质量官"团队及机制。

从上述两个案例分析可知，能力地图的最大价值在于给所有人一个明确的能力提升方向，让大家清晰地看到从起点到达终点的全过程。能力地图的三个方面也是为企业提供一个分析框架，不同企业能力地图中的能力要素、能力路径和能力方式各不相同，不必生搬硬套。当然，对企业来说，描绘出能力地图还不够，下一步就是确定能力行动方案、细化能力项，实现具体落地。

第二节　确定能力行动方案

所谓能力行动方案，是指企业在绘制出能力地图的基础上，通过建立能力清单，逐项列出要改进和提升的能力项，明确各自具体目标，给出具体能力动作的方法。企业在操作时，需要注意四个方面。

一、能力项分解关注可落地性、重合性、经济性、可度量性、可分解性

能力项分解的原则由企业根据自身情况确定，但通常要注意这几个方面：可落地性、重合性、经济性、可度量性、可分解性。能力地图是宏观方向路径的指引，但要让能力落地，必须将大的能力目标分解成小的能力项。不同企业的能力提升侧重点不同，具体的

方式方法也带有自身的特色。因此分解到什么样的程度，从哪些维度分解，分解两级、三级还是四级，是针对中短期能力还是长期能力的分解，都由企业自己决定。在这个过程中，企业可以借助外部的管理工具和借鉴成功企业的经验，但最终都必须结合自身情况，大企业的能力分解不见得适合小企业，民营企业的能力分解原则不见得适合国有企业。

二、分解的能力项之间既要边界清晰又要协同关联

分解的能力项之间尽量不要重叠，但要找到它们之间的关联点。按照分解方法遵循的一般原则，能力项在分解之后应该边界清晰、相互没有过多重叠，当然企业的不同能力之间是协同发展的，有相应的关联点。所以，在能力分解时应注意，能力项之间既要"分得开"又要"合得拢"。

三、能力项的分解应有具体操作标准

能力项的分解要以能否具体操作为标准，而不是看纸面上分解得有多漂亮。能力项的分解是通往目的的手段，而非目的。所以，花费大量时间进行能力分解，最终要以行动项能否落地和操作为标准。那么，能力项落地的标准是什么？这个要做测试，即分解后的能力项让中层干部和基层员工一要看懂，二要知道做什么，而不是听的时候感觉很清楚，做的时候不知从何处下手。事实上，能力项分解对企业来说并不是一件简单的事，如何恰到好处的进行分解，如何既体现战略性又有可操作性，颇具挑战。因此，企业对能力项的分解必须通过持续迭代来实现，在"分解 – 实践 – 再分解 – 再实

践"这样的过程中加以提升，因此必须建立相应的评价机制和反馈优化方法。

四、能力项的分解应对关键能力重点分解

企业要把有限的资源和精力，放在关键能力的分解上，而不是眉毛胡子一把抓分散自己的注意力。为做到这一点，企业在进行能力项分解时必须指定相应的组织载体来负责，由一把手来负责牵头。企业在具体分解关键能力项时，既可以采用自上而下的方式，也可以采取自下而上的策略。"自上而下"是指由一把手牵头、专门的机构负责对关键能力进行总体设计和能力项的分解，相关部门按照统一部署落地实施。"自下而上"则是指由关键能力的各职能和业务部门自己进行能力项分解，然后再交由牵头部门加以实施。不论哪种方式，都要对重点能力的分解有准确的认识。此外，即便是在同一个企业中，不同职能部门和业务部门的能力颗粒度也可能不同，比如，有的企业研发能力是重点，那么其研发能力分解得就较细；有的企业产品交付是重点，那么其产品交付的程度就比其他能力分解得更细。

下面，我们来看一个通过能力项分解和由此形成能力行动方案的成功案例。

【案例4-3】某企业的能力建设行动清单

某企业为全面提升自身产品的市场竞争力，在前期绘制能力地图的基础上，确定了提升23类49项能力建设行动，试图通过提升企业的四大能力，助推企业高质量发展。表4-1是该企业的能力建设行动清单。

表 4-1　某企业的能力建设行动清单

序号	能力名称	行动项数	能力目标
1	创新能力	6 类 12 项	全员创新，奖励创造
2	产品交付能力	6 类 14 项	按时交付，奖励高效
3	质量能力	6 类 12 项	做对事情，奖励改进
4	信息化能力	5 类 11 项	流程上线，数据赋能
合计		23 类 49 项	

事实上，表 4-1 中能力项的达成并非一帆风顺，而是经历了不断迭代。该企业在分解和确立能力项的过程中，采用了"自下而上"与"自上而下"相结合的方法。一方面，公司成立了能力推进总体组（以下简称"总体组"），确定要分解的四大关键能力；另一方面，由相关职能/业务部门牵头成立相应的攻坚组进行具体能力项的分解。

总体组对攻坚组分解出的能力项进行审核，并提出修正建议。比如，总体组对质量提升攻坚组提出的能力项分解 v1.0 版本，经过内部讨论会认为存在两个问题：一是指标类别需进一步优化，覆盖度不全；二是问题太多，建议聚焦重点。针对这两个问题，总体组对质量提升攻坚组提出了完善建议：一是透过现象看本质，通过对数据结果展开归因分析，找到质量问题的根源；二是进一步增加并完善分析问题的维度，确保当前的问题解决完之后，能够达到质量改进的目标；三是与其他部门通力合作，选取典型质量问题分析原因并找到解决措施。在此基础上，质量攻坚组进行一轮迭代，形成质量能力项分解的 v1.0 版本。

由此可见，总体组不只是找问题，更要提出具体的改进建议或意见。

再比如，针对关键的"产品交付能力"，先由产品交付攻坚组提出具体的能力分解项，随后由总体组进行审核和提出建议。总体组认为，产品交付攻坚组提出的能力项指标和问题描述在范围上基本涵盖到位，但对问题描述不具体，缺乏对现象背后规律和原因的探究。针对产品交付过程中存在的几个突出问题：设计成熟度和工艺成熟度不高、供应链管理能力较弱、工业基础与制造能力有待完善、生产制造人员能力的活力不足等，总体组向生产交付攻坚组提出了详细的修改建议和迭代思路。

1. 针对设计成熟度不高的问题，总体组建议

（1）由企业信息化部门与设计部门负责人对接，落实设计工作与数字化转型的冲突之处，共商如何提升设计的数字化水平；

（2）在仿真验证架构中，必须落实哪些需要验证、用什么工具进行验证；

（3）以试点的方式展开数字化设计等专项提升工作，需要进一步明确针对哪些设计成熟度不高的产品展开分析和提升。

2. 针对工艺成熟度不高的问题，总体组建议

（1）要明确"工艺"的范围和边界，是指总体工艺还是具体操作层面的工艺，目前范围较宽；

（2）从行动项看，建议以新产品为切入点作为数字化仿真建设的试点；

（3）由于问题描述不具体，导致现在提出的解决措施与方法可能无法支撑工艺问题的解决，必须再次细化。

3. 针对供应链管理能力弱的问题，总体组建议

选用试点模式，对标和采用华为的供应链管理模式，通过到现

场进行充分调研，发现问题，利用第三方进行验证，提升供应链能力，并设计匹配相关管控机制。

4. 针对工业基础与制造能力需要完善的问题，总体组建议

在公司的自动化建设中改变工作流程，明确公司自动化能力建设的牵头部门，改变过去设计、资金和设备管理分散化的局面，同时建议可在部门职责中找到生产、质量等方面的试点。

5. 针对科研人员问题，总体组建议

（1）新增相关数据支撑该问题的重要程度；

（2）用重点科研项目进行试点，探索生产人员工时工资变革，进一步提高工人劳动积极性和工作效率，达到"抢活干"的状态。

案例4-3的最大价值在于，它提出了一种"总体组–攻坚组"的组织架构方式，让能力项的分解既能体现企业领导层的视野与想法，又能体现基层执行部门的实际情况。两者的融合为能力行动方案的形成奠定了坚实基础。

在描绘能力地图、确定能力行动方案并付诸实施一段时间后，要对能力项是否按照设定的目标有所提升进行评价和验证，这是生成式能力工程必不可少的"节点考核"环节，也是降低系统性风险的有效手段。下一节重点介绍这方面的内容。

第三节　能力评价验证

能力的考核与验证，是生成式能力工程建设中企业面临的一大难点。为什么这么说？因为能力很多时候看不见、摸不着，但又必

须进行相对准确的量化考核，以便持续优化迭代。此时企业必须找到合理的"代理指标"，通过考察这些指标进行能力提升的评价与验证。

能力评价验证是指在生成式能力工程建设的特定时间节点（如中期、末期或以年度为节点），通过本企业自评或第三方机构评价的方式，对设定的能力目标指标与能力行动项实际达到水平间的差距及其背后的原因，进行定量或定性诊断判定、分析和纠偏的过程。从这个定义可以看出，能力评价验证是一个"进展判断→分析原因→动态纠偏"的过程。这个过程进行得是否顺利，直接关系到生成式能力工程的成效高低。

能力评价验证通常有几个关键要素：评价节点、评价主体、评价方式、原因分析、动态纠偏。下面一一介绍。

一、评价节点

所谓评价节点，是指企业选择特定的周期或时间点进行能力进展的评价。这个节点到底如何选择，由企业根据自身情况来定。虽然能力成长是一个漫长且持续的过程，但仍需要进行严格的能力节点评价，不能放任自流。能力评价节点通常有两种方式：一是以"年度－半年度"为评价周期；二是以能力进展水平为评价标准，比如能力分成五级，每提升一级就应该进行相应的评价。

二、评价主体

所谓评价主体，是指企业进行能力进展评价的组织方式，是第三方评价还是自我评价，是否内设企业评价机构，等等。评价主体的选择，往往与需要评价的对象密切相关。如果有可参考的客观评价标准（如行业质量标准），则可以自行实施；如果没有可参考的标准，还需要进行主观打分评价（如服务满意度），就应该采用独立第三方评价。

三、评价方式

所谓评价方式，是指企业具体通过什么样的工具或方法对能力进展加以评价，雷达图就是一种常见的能力评价工具。评价方式的选择，也主要取决于评价问题本身的性质。比如，当涉及内部相互评价或验证时，可以采用交叉评价验证的方式；当涉及到难以量化的主观评价时，就要通过定性方法（写案例故事）等来评价；当涉及到可以明确量化的能力对象，直接用定量方法评价最有效。

四、原因分析

所谓原因分析，既包括对能力不达标背后原因的解析，也包括对成功因素的判别。企业在对能力评价验证后，通常会出现五种情况：

（1）能力进展水平与设定目标基本相符；

（2）能力进展水平与设定目标相差较大；

（3）能力进展水平与设定目标相差很大；

（4）能力进展水平小幅度超过设定目标；

（5）能力进展水平大幅度超过设定目标。

无论是哪种情况，企业都需要静下心来分析背后的原因、找到底层逻辑。这个步骤经常发生的一种错误，是企业罗列的是现象本身而没有挖掘出背后的规律，能否找到关键成功要素或主要失败原因，对于后面的能力动态纠偏至关重要。

五、动态纠偏

动态纠偏是指针对企业根据能力评价验证的结果，采用相应的方法对原行动方案进行动态的优化、调整与控制适应。通常有这样几种动态纠偏的方式：一是自适应控制，即通过能力发展水平与目标值之间的偏差，调整相关举措，使能力结果不断逼近目标值；二是处理奇异值，即对能力发展过程中的不正常点进行单独诊断，要么去除、要么优化；三是增强容错能力，即针对可能出现的能力发展异常情况，扩张原来的能力目标边界；四是标准对齐，即进一步对齐能力发展现状和能力设定目标间的标准，避免出现两种指标、两个标准进行评价的情况。上述这些措施可以单独使用或组合使用。当然，有条件的企业可以采用能力监控预警的方式，实时监测各能力项的实施状态和输出结果，针对发现的异常情况采取相应的干预措施。当然，这种方式实现的难度不小，而且通常以数字化的方式落地。

下面不妨来看一个代表性的案例企业，看看它是如何对能力进行系统而有效的评价验证的。

【案例 4-4】某企业的能力评价与验收

某企业针对能力建设的评价与验收，建立了一套规范化、流程化的办法，具体如下。

1. 成立工作组

在前期发布的能力建设行动项清单基础上，成立综合推进组、完成部署工作，将评价任务细分落实到各业务和职能部门，明确能力评价验收的目标：锚定能力提升，紧盯质变基线，总结经验、查找短板、分析原因、提出对策，全面把握计划目标任务实施进度，注重结合公司科研、生产、经营新要求新情况，评估是否需要进行调整优化。

2. 确立评价方式

公司采取年度评价和中期（半年度）评价、自评和他评两种方式。专门成立两个组：一是自评组，由各课题组的负责人任组长，成员由各课题组牵头部门、责任部门单位第一负责人和分管能力建设的部领导及主管人员组成；二是总体评审组，由公司总经理任组长，公司副总经理任副组长，成员由公司副总经理、总工程师、首席科学家及各能力建设牵头单位第一负责人及能力建设工作分管部门领导担任。总体评审组的任务是对各课题组能力建设成效进行评估，识别需要改进的方面，并提出具体的改善建议。

3. 确定能力评价验收方式

1）责任人

各能力建设的公司主管领导负责组织做好验收策划，负责成果展示等相关工作。

2）现场验收

原则上不在会议室汇报验收，而是由能力验收组人员到现场验收能力成果。

3）展示要求

能力建设的成果展示内容不得低于行动清单30%的行动项任

务，鼓励对能力建设成果进行全面展示，其展示形式不限。

4）评价方法

卓越绩效管理的评价方法，采取定性与定量相结合的方式，运用过程评价方法（approach、deployment、learning、integration，ADLI）和结果评价方法（level、trend、contrast、integration，LETCI）对标能力标杆要求的过程管理与能力提升结果进行整体评价。通过评估组成员的梳理、询问、观察、查阅、检查、对比、总结等获取信息，以查阅资料、询问及沟通交流为主。

5）两阶段评价

先开展自评评价，再开展总体组评价。

（1）自评评价阶段

自评阶段目标是根据之前确定的能力建设方案，用定量与定性评价相结合的方法，开展中期自评工作；同时发掘、推荐能力建设过程中涌现出的优秀奋斗者。在操作层面，自评阶段重在按照模板，用一周时间完成自我评价，真实反映能力水平提升的趋势，客观呈现计划实施前的水平和当期水平，梳理形成支撑能力提升的典型成果和典型案例。

（2）总体组评价阶段

评审优化则是利用一周时间，基于计划对能力提升的支撑度、能力提升情况两个维度进行能力建设成效的现场评审，并提出改善建议。总体组坚持评审一个反馈一个的原则，及时反馈评审意见，并根据评审结果，进一步对能力提升中的难点堵点问题展开专项研究讨论，必要时引入第三方。

自评的模板见表4-2（以盈利能力为例）。

表 4-2 盈利能力建设中期自评价模板

序号	年度总目标	具体目标	关键变量	初期水平	中期自评	标志性成果
1	有利润的增长，有现金流的利润	议价能力：明确价格底层逻辑，形成思路、框架	实现该目标的关键变量，根据实际情况填写	该变量在早期水平如何	该变量在中期水平如何	列出支撑水平提升的典型成果，并附成果电子版
2		成本控制力：建机制、研发/采购重点降本				
3		资产运营力：提高两金效率、固定资产投入节奏				
4		现金管理力：经营现金流改善				
5		风险控制力：权责清晰、流程覆盖、完善内控				
6		净资产收益率 >8.0%				
7		收入利润复合增长率 >30%				
8		销售利润率 >8.0%				
9		资产负债率 <60%				

注：表格中内容为示例。

自评中的典型案例撰写模板如下：

典型案例撰写模板

（提炼能力提升的典型做法和成效，题目自拟）

一、背景介绍

介绍案例发生的背景，待解决的主要问题。

二、主要做法

具体做法与创新举措等。对做法、过程进行客观描述，突出关键环节、特色、亮点等，可配图。

三、取得成效

能力提升的成效，主要做法对其他能力提升的借鉴意义，能力提升在行业内水平情况。

案例要真实客观、表述准确、层次清晰、文字简练、通俗易懂、逻辑性强。案例最好有图文照片，附前后对比图片或表格，用图片和数据图反映情况、说清成效。字数控制在3000字以内。

四、发布评价验收结果与奖惩兑现

公司由总体验收组召开总结会，发布评价验收结果，验收结果与主管领导及牵头单位的绩效考核直接挂钩，对验收不合格的责任领导和牵头单位，能力验收组将进行处罚。同时，由总体组评审推荐2~3个课题组进行能力提升典型做法分享。各课题组结合总体组评审建议，对标年度目标和标杆企业水平，识别形成能力建设差距项，优化发布形成下一年度（半年度）能力建设工作计划。

图4-3是该企业发布的七大能力评价验收结果。

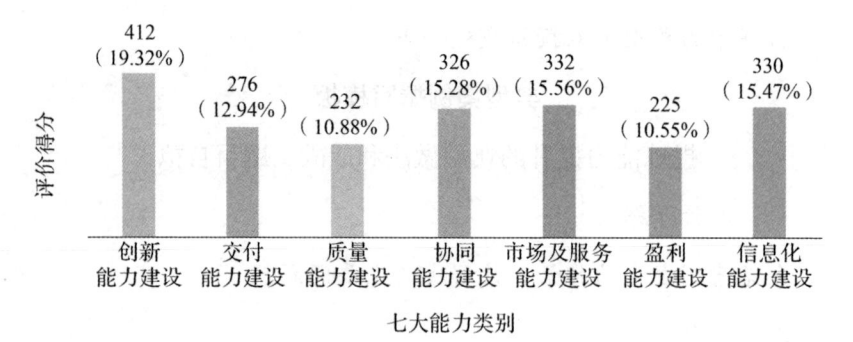

图 4-3　某公司的能力评价结果

七大能力类别:
- 创新能力建设: 412 (19.32%)
- 交付能力建设: 276 (12.94%)
- 质量能力建设: 232 (10.88%)
- 协同能力建设: 326 (15.28%)
- 市场及服务能力建设: 332 (15.56%)
- 盈利能力建设: 225 (10.55%)
- 信息化能力建设: 330 (15.47%)

第五章

工程化难点：突破能力协同瓶颈
——拆墙破壁，能力倍增

"协同"这两个字，每家企业都在喊，整个行业也喊了多年，却始终未能真正彻底解决其中关键问题，"协而不同"或"既不协也不同"是经常出现的结果。究竟是哪里出了偏差？如何做到"既协又同"？生成式能力同样需要重点解决协同问题，包括职能部门之间的能力协同、各种专业能力间的协同、上下级的能力协同、内外部的能力协同，等等。然而，能力协同的梗阻一直是企业提升内功、增强竞争的头号拦路虎，一旦能够找到方法真正做到拆墙破壁，就会让企业的生成式能力实现倍增。本章首先解释经常出现的"协而不同"背后的深层次原因，其次提出做到生成式能力"既协又同"的机制建议和文化对策。

第一节　企业协同，为何协而不同

首先问一个问题：为什么企业必须强调协同？

因为企业经营和管理是一个复杂运行的非线性系统，涉及多个变量、多种资源、多重要素的相互作用，信息的交互、产品的迭代、流程的反馈、产业链上下游各方的参与……它们交织在一起才能让整个系统形成合力发挥作用，类似一个蓬勃有活力的生态圈。要让这样的多维交互发挥作用、达到预期目标，就需要各相关参与主体之间按照一定的规则运行，而不是由其自由发展，最终就体现为企业内外部的协同。

需要特别强调，随着企业经营环境的深刻变化，除了企业内部运行的复杂度加剧之外，企业与外界交互资源与主体间活动的复杂性也在迅速提高。

1. 企业发展需要外部资源

当前企业的外部环境发生了深刻变革，最重要的是全球化导致企业业务在技术、市场、组织等方面的变革。这种业务变革使得企业不仅需要"练内力、拼内功"，更需要依赖外部资源实现，单靠企业自己无法实现战略目标。

2. 企业发展需要边界的开放

当今全球企业的经营模式中，开放创新已经成为时代潮流。这些模式与原来的模式不同，协同的实质是企业边界的"开放"和多主体参与下"新商业模式"的形成，必须要与更多的主体打交道，让更多的主体参与进自身的创新过程。

当前，协同发展已成为国际企业发展的主流，体现在企业经营和管理的诸多方面。以企业的协同创新/研发为例，有数据显示，美国企业研发投资回报率平均为26%，有协同创新的大企业投资回报率高达30%，有协同创新的小企业投资回报率更是高达44%，而没有协同创新的企业研发投资回报率只有14%。

在各种企业的协同中，能力协同是根基，没有能力的协同，其他协同都会成为无源之水、无本之木。所谓能力协同，是指企业内部各部门的能力之间，或企业与外部产业链、供应链上下游企业之间的能力水平基本相当，并且可以互补匹配衔接，在共同完成一项任务过程中实现能力的协作共生、互动演进状态。由此可见，能力协同既需要各方的能力水平基本在一个水平线上，又需要有较强的匹配性、互补性，还需要能够共同演进和成长，要求很高。企业经常出现的问题，就是能力之间的过程看起来在"协作"，但结果却往往"不同"。因此，有必要对协而不同背后的原因进行分析。

在协同一词中，"协"是手段，"同"是目的。只有既协又同，才能达到目的。如果不同业务和能力间的关联和协同性偏弱偏散，"只协不同"，或者"既不协也不同"，最终都是失败的。企业如果要找到打开协同问题的钥匙，首先必须对"协"和"同"的内涵进行分解。

"协"有三层内涵，分别是协作、协力、协调：

（1）"协作"是指企业生态圈中，内外部各主体在明确分工基础上的一种合作关系；

（2）"协力"强调形成企业生态圈过程中，内外部各主体之间合力运行的一种机制；

（3）"协调"是指当企业生态圈中，内外部各主体之间的分工合作出现矛盾时的一种调和方法。

协作、协力和协调三者缺一不可，构成了"协"的丰富内涵。

"同"也有三层内涵，分别是同心、同能、同德：

（1）"同心"是指企业生态圈中，内外部各主体在合作动力和目标上的一致性，这是合作的动力基础；

（2）"同能"是指企业生态圈中，内外部各主体之间在能力上的匹配性，既包括能力的互补性，也包括能力的一致性，这是合作的能力基础；

（3）"同德"是指企业生态圈中，内外部各主体之间在合作文化上的一致性，这是合作的文化基础。

因此，企业生态圈中各主体在合作动力、合作能力和合作文化上的一致性，构成了"同"的丰富内涵。

基于"三协"和"三同"，就可以构建一个诊断矩阵（图5-1）。企业家可以利用该矩阵对企业的协同活动定位，分析判断阻碍协同的问题出在哪里（见图5-1中☆号）。

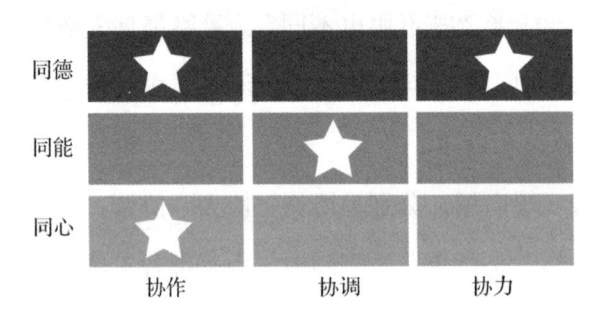

图5-1 企业"三协三同"的诊断矩阵

比如，企业经过分析发现，自己内部的能力协同问题出在了"协作–同德"上，也就是各部门之间的能力分工不明（协作）、企业内部缺乏能力合作文化（同德）。因此，要解决这个问题，就要从细化各部门的能力分工与边界、打造内部合作文化机制这两个重点方面入手。

从图5-1可以发现导致"协而不同"的所有可能原因。在企业能力协同的实践中往往会出现三大瓶颈，分别是动力瓶颈、主体瓶颈、文化瓶颈。

一、协同的动力瓶颈

协同的前提，是各主体在动力上保持一致（即"同心"），背后是各主体具有相对一致的利益和目标，力往一处使。动力不一致的结果是难以形成合力，导致主体之间相互角力或分力，最终出现 1+1<2。例如，企业内部各部门间的目标不一致，研发部门强调创新性，市场部门强调收益，采购部门强调成本，质量部门强调品质，财务部门强调风险……各自利益导向不一致，就会导致企业的内耗严重，投入产出效率低下。

华为内部的《管理优化报》曾刊登了一篇名为《一次付款的艰难旅程》的文章，内容是一名员工吐槽华为内部的财务审批流程太复杂、财务人员经常设阻力。当时，任正非的女儿孟晚舟担任华为财务部门负责人。这篇文章随后在华为的"心声社区"上引发了员工广泛关注与热烈讨论。任正非看到后，直接签发并以总裁办电子邮件的方式，发给华为董事会监事会和全体员工。

任正非在邮件中说，"据我所知，这不是一个偶然的事件，不知从何时起，财务忘了自己的本职是为业务服务、为作战服务，什么时候变成了颐指气使，皮之不存、毛将焉附？我们希望在心声社区上看到财经管理团队民主生活发言的原始记录，怎么理解以客户为中心的文化。我常感到财务人员工资低，拼力为他们呼号，难道呼号是为了形成战斗的阻力吗？"

的确，如果财务部门深刻理解了"以客户为中心"的价值观，真正把财务融入业务，势必会减少很多与其他部门间不必要的摩擦和隐性成本。企业各部门的价值观一致，不管这个部门是成本中心还是利润中心，不管这个部门手中权力的大小，很多问题都会迎刃而解。

二、协同的主体瓶颈

任何协同过程的顺利实施，都需要一个强有力的协同主导者，它具有强大的引领、协调和整合能力，可以将众多主体整合起来形成一个运转良好的有机整体，其他部门愿意跟随主导者展开合作。实践中，企业要么缺乏一个强有力的部门，要么有强有力的部门但与其他部门间的能力不匹配不互补。当然还存在一种情况，其他主体或部门的能力偏弱，导致无法跟上主导者的脚步而落在后面，这样也难以形成协同。

协同主导者通常要具备两个特点：一是强大的公信力和感召力，可以将其他部门或外部主体汇聚在自身周围；二是强大的约束力和协调力，主导者能够通过有效的机制确保协同活动的顺利进行。

比如，在企业的产学研协同创新中，有的企业为了引进而引进，学习能力和消化能力不足，没有形成增值创新，与技术供给方的技术落差过大，导致科技成果的转化成功率低。再比如，企业内部的协同中，协同主导者要么有资源配置权，要么有绩效考核权，要么有人事任免权，要么有强大的文化影响力，否则就很难形成公信力和约束力。

三、协同的文化瓶颈

协同的动力是战略基础，主体是运作基础，协同文化则是一个看不见但人人都能感受到的关键制约因素。不同主体、不同部门间的文化差异是客观现实，协同文化是一种需要各主体、各部门、上下级都普遍认同并共同遵守的价值观、行为标准和理念体系。很多企业的协同之所以出现问题，并非动力或能力出现问题，而是没有形成共同遵守的协同文化。因此，协同文化是协同活动的魂，一旦缺失，即便有再强的协同动力和协同主导者，也很难做到真正高效率和正向的协同。

搞清楚了"协而不同"的原因，下面就是要解决它。要解开协同的三大困惑，就必须找到实现协同的三把钥匙：一是打造一致的协同目标；二是制定匹配的协同机制；三是塑造相融的协同文化，从而达到"既协又同"的目标。

1. 打造一致的协同目标

形成一致的协同目标，不能只靠口号或"拉郎配"，利益拉动和战略推动是两种主要方式。其中，利益拉动主要靠市场机制实现多主体、多部门间一致的协同目标；战略推动则依靠企业战略目标的引领力量，实现各部门一致的协同目标。

2. 大力培育匹配的协同机制

协同机制可以从"协同主导者－参与者"的关系入手进行设计。比如，协同主导者与参与者的责权利是什么？双方之间的约束和考核机制是什么？等等。需要说明的是，协同机制根据具体产业的不同而有所差异。

要使协同发挥最大效用，一方面不仅要培育协同主导者能力，还要培育协同参与者的能力；另一方面，不仅要提升协同者的技术协同能力，还要提升其非技术协同能力。实践中，协同不成功的一大原因，是不同主体间能力的不匹配，以及不同类型细分能力的缺失。因此，企业管理者要构筑相应条件，弥补细分能力的缺失，尽力促成不同主体的能力匹配。

3. 强力塑造相融的协同文化

实践中，培育一致相融的文化绝非易事，尤其是在跨企业或跨部门边界的协同运营体当中。在协同主导者和参与者之间形成统一的价值观和理念，充分发挥文化的"润滑剂""催化剂"角色，需要强有力的手段，具体方法可以参见本章第三节的内容。

本章的下面两节将分别从机制设计和文化培育两个关键管理手段入手，分析企业如何设计恰当的机制推进能力的协同，如何培育和谐的文化催化能力的协同。

第二节　能力协同的推进器：机制设计

能力协同的机制设计主要有三个方面，分别是能力的带动机制、推动机制和拉动机制：

（1）带动机制，带动机制通常是基于订单合同来带动协同参与主体的能力提升，以订单为纽带，由能力强的一方带动能力弱的一方，达到各方能力协同的目的；

（2）推动机制，推动机制则以战略推动、行政命令或入股机制、并购机制为主，基于行政关系或资本关系，自上而下要求协同方的能力实现匹配和协同；

（3）拉动机制，拉动机制主要是考核机制，尤其是上下游或相关部门间的绩效联动考核机制、战略供方等级优惠制度或"内部赛马"竞争机制带动能力的提升协同。

能力协同机制设计的核心，是要建立一种协同约束力和激励共赢的方式，让协同参与主体在激励指挥棒和约束指挥棒的双重引导下，主动协同、深度绑定，而不是一种简单、短期的合作关系。图 5-2 是能力协同的三种推进机制示意图。不论是哪种机制，要么是横向联通、要么是纵向贯通。

图 5-2　能力协同的机制设计

下面，我们选取带动机制和拉动机制，通过案例加以阐释。首先来看一个利用带动机制增强上下游企业能力协同的案例。

【案例 5-1】某龙头企业基于订单的上下游能力协同带动机制

G 公司是国内从事轨道交通信号系统的龙头企业，属于行业内的系统总成单位，产业链上下游的元器件企业、操作系统企业、软件企业、设备企业等供应商的核心业务都围绕这家企业展开。这些企业之间必须合力抱团发展，才能形成行业竞争力。然而，这些产业链配套企业的能力良莠不齐，产品质量也经常出现不达标的情况，通过创新方式突破瓶颈点、提升供应商的能力成为 G 公司亟待解决的关键问题。

G 公司充分利用了自身在行业内的优势地位，采用了一种基于订单的带动机制，通过组建创新联合体的方式提升产业链上下游企业的能力。

1. 设计紧密关联的创新联合体

G公司在设计创新联合体时，打造了需求和供给相互牵引、前端和后端无缝衔接的产业链生态圈，包括上游供给生态圈和下游应用生态圈。其中，上游供给生态圈负责技术攻关，保障配套产品的高效稳定供应；下游生态圈负责产品应用，推动自主化产品项目的市场推广应用；G公司位于中心节点位置，确保实现底层基础技术和系统自主可控。

2. 采用共建共享、订单牵引的协同发展管理方法

对上游的产品供给生态圈，G公司一方面成立多个资源开放共享的创新平台，相关成员单位联合参与国家重大科技任务，实现技术的共建共享。比如，G公司与南京某高校、某市地铁公司共同建立某国家重点实验室，开展轨道交通信息融合与智能控制方面的研究。这种模式让所有创新联合体的成员单位在技术人才、平台使用、核心技术等方面形成了共建共治共享，借此快速提升各自的能力。

对下游的应用生态圈，G公司采用基于订单牵引和资本合作的方式，让下游各主体有很强的参与动力。首先，G公司牵头获取重大集成项目，带动联合体单位的产品应用。作为城市轨道交通信号系统的总成单位，G公司国睿科技先后承建多地的地铁信号总成项目，拿到数十亿元的订单。这带动了成员单位在通信、消防、乘客服务、测试验证等系统领域的应用，以及大屏、嵌入式板卡、维护监测等设备的技术创新和应用，让这些成员单位不再花费大量精力在跑市场、忙订单上。其次，G公司建立了资本运作机制，促进产

品应用与市场拓展。G公司与下游成员单位成立资本化实体，是另一种深度促进产品应用、提升成员单位能力的方法。比如，G公司与某市地铁公司成立合资公司，通过资本合作建立了"建运管"一体化平台，形成产品实施交付、运营与运维管理的全生命周期服务的商业模式，带动了新产品和服务的快速落地应用。

想想看，当你不再为跑订单抢市场而整日奔波，当有人能把你的创新快速应用到市场中，为什么不让自己更深度地嵌入其中呢？这样共赢的生态圈合作才是牢不可破的。

3. 设立两种激励方式，推动成员单位能力的快速提升

G公司设立了两种激励方式，一是研发项目收益分红，二是创新联合体奖励激励。研发项目收益分红方式是从自主化产品工程项目创造的利润中提取一定比例的专项激励基金，奖励自主研发核心团队，目的是推动自主技术的突破和产品应用。创新联合体协同创新激励的目的，则是推动协同攻关任务高效完成。G公司从多个维度对创新联合体进行考核，按三个等级考核、设立不同额度的激励金。在这一激励机制的作用下，2022年创新联合体高效协同运行，取得重大协同攻关突破，获得最高奖励金数百万元。

从案例5-1可以看出，G公司成功利用自身在行业中具有很强向心力和吸引力的地位，通过共建共享和订单拉动、产品应用，快速提升了上下游配套企业的能力，实现了产业链能力的协同。然而，当企业并不具有G公司这样的天然优势地位，又该如何带动上下游的供应链企业提升能力形成协同呢？

下面来看案例5-2，案例5-2中的两家企业是采用拉动机制改进能力协同的典型代表。

【案例 5-2】基于战略供方的等级优惠拉动协同机制

中国企业当前正面临"脱钩断链"的巨大冲击。一家企业的供应链被卡断后,要在短期内建立新供应链的难度极大,因此建立稳定可靠的供应链极为关键。少数有实力的企业会通过自建供应链或打造战略备份加以解决,但大多数企业并不具备这种能力。此时,一种基于战略供方思维的"供方等级优惠"协同机制应运而生,核心就是为了提升双方间的供应协同能力。

Z 公司之前跟供应商之间是一种基于简单买卖关系的传统模式,在国外进口限制冲击和建立战略供方的新思路下,公司开始用深入稳固的合作关系对抗供应链的不稳定与断供冲击,通过精选一批战略供应商,提升物料供应的安全与韧性。具体操作分成以下几步。

1. 确定战略供应商

公司采购部门联合设计部门、质量部门、技术部门,根据相关评价指标,从几百家合作的元器件和原材料供应商中筛选出不到 100 家优质供应商;随后又进一步确定评价指标,从不到 100 家的优质供应商中精选出 20 余家战略供应商,与其签订长期合同,采购业务向它们倾斜,同时提出能力指标要求。

2. 建立战略储备机制

在确定战略供应商后,为确保关键物料的供应,Z 公司又提出双 5% 的战略储备机制,即确保关键的 5% 瓶颈供应方和 5% 的瓶颈物料储备。公司对关键物料进行梳理后,分批次实施储备,又与临近地区行业兄弟单位构建物料共享平台、形成战略合作,识别控制 5% 关键物料瓶颈风险,一旦急需替代验证的元器件,可去这些企业资源库里寻找。

3. 推行"帮扶计划"

Z 公司针对潜在的优质供应商能力不足问题，在设备选型、采购比例、技术能力等方面，主动出击展开"帮扶计划"，提升其工艺、质量、制造能力，按照未来成为战略供方的目标进行培育。这种方式让双方通过协同创新一起成长，增强供应商抵御风险能力，形成稳定的供应链业务生态。

另外一家 T 公司，也面临类似的问题：供应商的产品难以跟上形势的变化，没有根据新的市场需求和实际生产情况进行更新和定制化改造，仍是老三样。面对这种情况，T 公司会主动发现问题并提出解决方案，由供应商来负责实现。这种方式同样明显提升了双方之间的协同能力，形成了更稳定的供应链。

T 公司是一家从事太阳能光伏电站建设的工程企业，它在施工过程中发现厂商生产的光伏支架是固定的，但是中国西北部地区的四季最佳倾角差异大、太阳高度角不一样，固定支架不能充分利用光能资源，导致发电收益无法最大化，必须依靠人工进行不定时调节，既费时又费力。于是，T 公司向供应商提出设计生产一种可以随太阳高度角进行适当调整的支架。然而，全国当时没有一家供应商干过这件事。于是，T 公司技术部人员向对方提供了几套技术设计方案，让其根据要求生产出样品。样品出来，T 公司技术人员在实地进行反复试验，又将问题返厂优化完善，直至测试没问题了就批量采购。这种方法虽然前期投入了大量时间、人员和研发费用，但它不仅为企业提供了最合适的物料，还与供应商形成一种新型的深度合作关系，提升了双方的能力协同性，让双方可以在同一个能力频道上对话，最终实现双赢。

上述案例讲的都是企业与外部企业间的能力协同问题，事实上更困扰企业的是内部各部门之间或不同员工之间的能力协同问题。下面我们来看实例5-3。

【案例5-3】企业部门/项目团队联动考核的能力协同机制

J公司是一家科技研发制造型企业，技术部门、制造部门、市场部门、财务部门、采购部门、质量部门之间一直存在能力不匹配、认知不兼容、步调不一致的问题，上下游部门之间经常为了一个问题扯皮很久，相互之间没有约束力，每次都需要公司领导出面才能解决。为打破部门墙的壁垒、提升能力协同，J公司制定了部门联动考核的办法。说直白点，就是在业务上下游部门之间建立了考核关系，考核的重点是相关部门是否配合完成目标任务，双方相互打分。

1. 确定关键指标，形成上下游部门关联

J公司细化了每个部门的关键绩效指标（key performance indicator，KPI），从原来的多个指标中优化提炼出1~2个核心指标，通过该指标将上下游部门紧密关联，解决了原来上下游部门KPI指标间缺乏联系的问题。比如，以前采购部门的KPI由自己设定并提供数据，现在则由下游的生产部门统计并提出数据，最终也由生产部门对采购部门的KPI进行检查和考核。

2. 引入双向打分法，打破"部门墙"

J公司针对原来业务部门和职能支撑部门之间看不见但非常厚重的"部门墙"，提出业务单元和职能支撑部门间的双向打分方法，该分数会影响各部门的月度绩效和年度奖金的发放。这一方法的实施，不仅直接激发了部门内部从领导到员工的活力，还大幅提升了部门间的协同性，双方都主动提升各自的能力和认知、步调。

无独有偶，有一家工程施工企业M也面临着类似问题，尤其是在项目"铁三角"团队中，如何形成不同部门、不同成员间的能力协同是个大问题，让领导颇为头疼。

众所周知，工程项目必须依靠跨职能团队来完成，但传统的职能部室组织架构有很强的部门壁垒，人员不是以项目为中心而是以部门为中心，各有各的利益，导致在项目管理中各自为战。为实现跨部门人员团队的高效协同运行，"铁三角"这种项目管理机制便应运而生。三角形是自然界中最稳定的结构，在企业管理中也是最强有力的结构。华为在炮火中打下一个又一个市场的硬骨头组织架构，就是"铁三角"。图5-3是M公司项目"铁三角"构成。

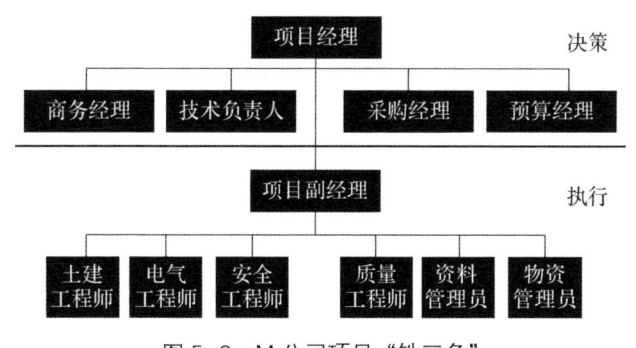

图5-3 M公司项目"铁三角"

为了让"铁三角"顺利落地，M公司从几个方面入手：

1. 辨析"铁三角"与项目矩阵的区别

所谓"铁三角"是指一个由商务、预算、技术、采购和项目经理以及各类专业工程师和辅助人员构成的工程项目决策和执行团队，最终目标是高效协同完成工程项目业务交付业务。看上去，"铁三角"与项目矩阵团队在本质上并无不同，都是为了实现高效协同，但两者还是有一定区别。比如，项目矩阵团队成员往往只做一些技术支持，是平行线，谁需要支持就去支持谁；"铁三角"中的成员角色则相对固定和专注，主要负责一个项目，前期、中期和后期都有各自任务的侧重点和不同主导人。

2. 确立协同主导者

"铁三角"协同的关键问题，是谁来当协同的主导者。如何解决这个问题，考验着管理者的智慧。

"铁三角"必须有一个核心，但以谁为核心，一直是项目管理中的一大难点。很多工程企业虽然确立了以项目经理为核心，但在实际操作中面临两难选择：一是项目经理权力过大、"一言堂"严重，但往往把控能力有限，一旦不受控，决策失误可能导致严重后果，比如有的企业曾采用项目经理承包制，但发现实际效果不达预期；二是项目经理的话语权有限，受制于各职能部门，无法施展拳脚，同样会影响项目进展和质量。

为此，M公司采取了两个措施：

（1）确立项目经理的核心地位，赋予项目经理实权，明确公司各专业条线部门是为"铁三角"输送"炮弹"提供服务的定位，让项目团队成员形成"自己就是为这个项目服务的，把这个项目干好是首要工作"的意识。之所以要专门明确，是因为不少项目团队成员觉得自己不是项目的人，而是部门的人，你一个项目经理凭什么管我。一旦出现这种情况，扯皮推诿影响项目进度的事便常有发生，项目的质量也会大受影响。

（2）控制项目经理权力。比如，项目经理虽然有奖金包分配权，但需要工程管理部部长和主管副总复核，以避免分配不公平、不合理的问题。再比如，由事业部的职能部门负责筛选劳务施工队、设备供应商，既让项目经理的压力变小，又从源头上杜绝不良供应商和利益输送等问题。

3. 解决"铁三角"内部的高效协同问题

上述做法在一定程度上解决了工程项目管理中经常出现的协同主导者和权限问题。当然，还有另一个问题需要解决，那就是项目"铁三角"内部如何实现能力的高效协同？在"铁三角"执行不到位的组织里，经常出现两类协同的问题：一是项目前端和交付端的衔接不好，二是设计端和供应端的效率不高。

"铁三角"成员中，最关键的角色是商务经理、解决方案经理（技术部设计人员）和项目经理（也叫交付经理），这三类人的职责角色和权限随着项目推进和不同阶段而动态变化和调整：

（1）项目前期开发由商务经理牵头总负责，解决方案经理配合，项目经理的作用相对小。

（2）项目落地以后，主要由项目经理负责，项目经理成为"铁三角"牵头人，解决方案经理和商务经理需要在必要时配合项目经理工作。

（3）在解决方案过程中，由解决方案经理充当牵头人，同时需要商务经理和项目经理配合。

三类关键人角色和职责的动态转换，让整个项目在实施过程中像旋转木马一样不停转，每个阶段有各自的核心，各自的能力充分发挥，又相互影响。当然最后的总负责人是项目经理，他承担的责任最多，因为项目最终的目标是交付产品。

4. 推行"权责利"分阶段联动的奖惩机制

最后一个关键问题，是如何保证企业职能部门与项目团队间的高效协同？M公司摸索出了一种"权责利"分阶段联动的项目奖惩机制，保证项目团队这个临时跨职能团队内部成员的"权责利"实现对等。

这套办法有三个关键点：一是纵向的奖惩联动；二是横向的奖金包关联；三是分阶段的兑现。

纵向的奖惩联动是指对"铁三角"成员的奖罚，不是谁犯了错误就惩罚谁，而要同时连带惩罚上级职能部门的负责人、主管副总和项目团队负责人。比如，公司规定：项目关键工作滞后7天、15天以内，对经营单位项目部、"铁三角"团队、主管部门、部门分管领导进行处罚，"铁三角"相关负责人罚款1000元至2000元，责任人对应主管部门罚款1000元，责任人对应分管领导罚款1000元。这样做的目的，就是逼着"铁三角"和各部门间协作起来、融合起来。

横向的奖金包关联是指"铁三角"内部所有成员只有一个奖金包，所有人的利润一起核算，"铁三角"所有人的奖金分配由项目经理总负责。只要哪个环节出了问题，就会导致所有人都没有奖金。然而，在奖金包没关联之前，"铁三角"团队的成员各归属各部门，就会形成各自为战局面。比如，原来商务经理的奖金没纳入奖金包，会导致很多问题。一个项目落地后，商务经理就拿走了60%的奖金。这对一个不负责任的商务经理来讲，会觉得挣够了，后面的活儿不用干了。当把奖金包拉通以后，项目落地时商务经理就拿不了那么多奖金，要一直到项目干完行。这种方法就把大家的"权责利"绑在一块儿了。此外，项目经理对奖金包有足够的支配权，解决了之前"铁三角"成员奖金包由各自所在部门发放的弊端。

所谓"分阶段兑现"，是指奖金包的发放是分段的，比如，基础完成、全容量并网、240小时无事故，项目验收、质保验收等阶段，每个阶段都有相应的发放额度。某个阶段没达标，就没有奖金包。

"权责利"的分阶段联动机制，让"铁三角"从原来的貌合神离变为齐心一体的团队，正如这家企业领导所说，"铁三角"只是一个壳，背后的运行机制才是核心。

上面我们讲了三种能力协同的机制设计，不同企业的情况不同，企业要结合自己的情况加以设计，因地制宜地推动内外部的能力协同。下面一节我们来看看文化在能力协同中的独特作用。

第三节　能力协同的催化剂：文化培育

当谈到能力协同话题，一位企业老总曾无限感慨："能力协同真的是一个文化问题，更是整个企业的导向问题，成天就喊喊口号、开开会这些形式化的东西不行，很难解决能力协同的问题"。

文化听着虚，但关键时刻真顶用。为什么有些企业在惊涛骇浪面前，能够平稳渡过，外界看着不可思议，追根溯源就是它的文化好、凝聚力强，大家能一起扛过去。为什么有的企业平常看起来顺风顺水但一旦出现危机就很快分崩离析，根子也在文化。能力协同亦是如此，除了机制设计的推动之外，还要靠文化的力量，才能让能力的协同更加紧密、更为主动。生成式能力迫切需要文化这个催化剂，让企业自内而外、上下同心地持续生长出适应市场需求和激烈竞争的协同能力。可以说，机制设计解决的是"要我能力协同"问题，文化培育解决的是"我要能力协同"问题。

那么，怎样让"我要能力协同"的文化落地？

通过对大量企业的观察和思考，我们发现有几种文化培育方法在推动能力协同中收效较好，值得借鉴，下面一一介绍。

一、用文化选人的前置法

大多数企业的惯常做法是把新员工招进来之后，再进行文化的宣贯，用企业文化去影响、改变甚至重塑一个新员工。但是，在"90后""00后"员工越来越成为职场主力的前提下，这种方法不见得奏效。当前，一种在招聘阶段和工作过程中用文化选人的方法越来越流行，采用这种方法的既有初创型的科技小微企业，也有华为这样的大企业。所谓用文化选人，是指在招聘阶段或干部培养过程中，更多选取与本企业价值观和文化理念相近的员工。

那么，为什么要用价值观和文化招人？人力资源（human resources，HR）部门的招聘方法真招不到合适的人吗？当然不是，HR部门标准化、程式化的招聘方法依然有用，但它很难识别出价值观和文化理念与企业相近的人。进一步分析，如果企业从一开始就注重招收理念一致、三观相近的员工，后期对能力协同工作带来至少两个好处：一是用价值匹配相近的人，后面的能力考核成本和考核工作量会大幅降低；二是用价值观推进能力协同，为后期节约大量沟通和协调成本。

多数企业在推动能力协同中，会采用各种考核和激励办法。这种做法的实施成本不可谓不高，设置专人、设计各种指标、搜集数据、量化考核、协调矛盾……最后效果还不见得好。

这里面有一个关键问题，那就是考核。

考核是什么？考核是各类经济组织或社会组织设计出来的一种用于规范个人行为的规则和制度，目的是让每个人都按照组织领导的意志去做事和运行。为什么要考核？因为总会有人或部门与组织有意见相左或观点不同，也有很多想偷奸耍滑或谋私利的人存在。考核本身没错，但它忽略了人是情感动物，更是主观能动性很强的生物体，很多事用考核无法从根上解决，用文化、价值观去凝聚人和推动工作的效果往往会出乎意料。

试想，一家企业由一群价值观相近的人构成，通过强文化的方式凝聚人心，他们在解决各种问题中的态度相同，在推动能力建设和部门协同上的观点相似，这样一家企业还有必要挖空心思搞出那么多考核指标吗？显然不需要。能达到这种状态的企业，也正是组织的最高形态——"自组织"。自组织不是放任自流，而是在价值观一致、目标一致基础上自进化、自修正的韧性组织。

同样地，一家用文化和价值观来推进企业能力建设的企业，可以为后期节省大量沟通和协调成本。原因很简单，企业成本中最大的部分往往不是账面上的显性成本，而是沟通协调带来的隐性成本。尤其是当组织规模变大而出现"大企业病"时，部门间的扯皮、"部门墙"厚重等情况更是家常便饭，沟通协调所占用的时间、动用的人力往往会超过事情本身，能力协同也是如此。一个善于降低能力协同中沟通成本的组织，一定是一个智慧的组织。

的确，也只有价值观相近的人，才能在日常工作中真正默契协同，才能让"部门墙"迅速降低，才能在企业遭遇冲击时合力抵抗，更会在关键时刻豁出身家性命向前冲。想想看，能在自己身边一路陪伴走下来的人，不就是这样的人吗？

不妨来看一个案例。

【案例5-4】某科技初创企业的价值观招人

该科技企业创立于中关村，创始人C总是一个颇有独立思想的理工男。在创办这家企业之前，C总在体制内从事海外高端人才方面的工作，后来辞职下海。正是因为有了这段工作经历，他对如何招聘员工有自己独到的见解，那就是"用价值观招人"。

1. 用价值观招人的内涵

C总的观点是，"一般公司都会把应聘人的学历背景、职业履历、工作业绩等硬指标放在第一位，但我们把价值观放在第一位。在招人的最后一轮，我会单独跟应聘者漫谈。在聊天过程中，我很看重应聘者是不是有自己的独立思想，是一味附和我的看法，还是能提出自己的不同观点。这就是我们公司的价值观——既要有独立思想，又要有科学精神。我们是一家科技公司，有独立思想是指不能人云亦云，要有创新思维；科学精神讲的是不能弄虚造假，要靠自己的能力拿单。曾经有一个专业能力和职业履历跟我们公司发展特别匹配的人，但我在聊天中发现他在刻意迎合我，而没有表达自己的真实想法，最后我只能忍痛把他pass掉（放弃）。"

2. 确定企业文化内涵

正是基于上述考虑，C 总将企业文化定位为八个字"风清气正，多元统一"。看似简单的八个字，执行起来却并不简单。刘强东第一次创业做餐馆时，就是因为内部人员勾结腐败，导致餐厅经营不善最终关门。这使得刘强东创办京东后特别强调企业的风清气正，对内部贪腐舞弊零容忍，一旦查出内部人员经济腐败问题立刻交办经警。为了震慑内部"硕鼠"，刘强东还组织公司人员到监狱参观过。

当然，最好的办法，一定不是出了问题再去处理，而是从源头就解决。如何从源头做起，招价值观一致的人，就是一个可选项。也正因为 C 总坚持用文化选人，"风清气正"的企业文化深入人心，全公司的人才流失率低、团队忠诚度高，企业在疫情期间实现稳健发展。

无独有偶，华为对在内部"心声社区"发帖抱怨吐槽的员工，从不给穿小鞋，而是采用"甄别－培养"的办法，不仅解决了问题，还为自己发现了人才。

1. 甄别

员工吐槽公司的帖子不会被封，而是由华为人力资源部去看看他的吐槽是否符合实情，是无根据谩骂还是有代表性。如果发现吐槽没有问题，一方面要调查具体情况，另一方面要看这名员工前三年的业绩。

2. 培养

如果上述情况都属实，这名员工的业绩又优秀，证明他是从公司角度而非一己私利的角度发帖，那就把他调到公司秘书处来，给他一个到总参谋部来"洗澡"的机会，培训他、锻炼他。

锻炼半年后再把他放下去，因为"这些种子将来迟早是要当领袖的"。

任正非在公开接受采访时曾说过一句话，"总说我们好的人，反而是麻痹我们，因为没有内容……如果华为没有自我批判精神，我们就活不到今天。"用文化和价值观的方式选人用人育人，才会让公司人才队伍越发强悍，真正顶得住暴风骤雨和大风大浪。

二、对文化量化的管理考核法

管理考核法是指企业将文化作为一项具体落地职能，建立一套文化管理办法，对企业文化理念、价值观、行为准则等，通过全员学习、定期/不定期考察和量化考核学习内容并与个人和部门绩效挂钩，推动文化培育，进而提升能力协同的方法。来看一个案例。

【案例5-5】某科技企业的文化量化考核

该科技企业领导为推动各部门和人员间的能力协同，聚集志同道合的人，拆掉思想和行为的墙，将文化建设作为组织建设的重中之重，提出目标驱动的文化建设管理办法。具体来说，就是构建形成可复制、可迭代的文化管理体系，输出操作性强、可落地的操作手册，对个人和部门的文化学习和动作、成效等进行量化考核。该公司文化建设的总体思路如图5-4所示。

该公司的文化管理体系包括目标、保障、识别、培训、传播、融入、激励与评估等八个文化子体系。

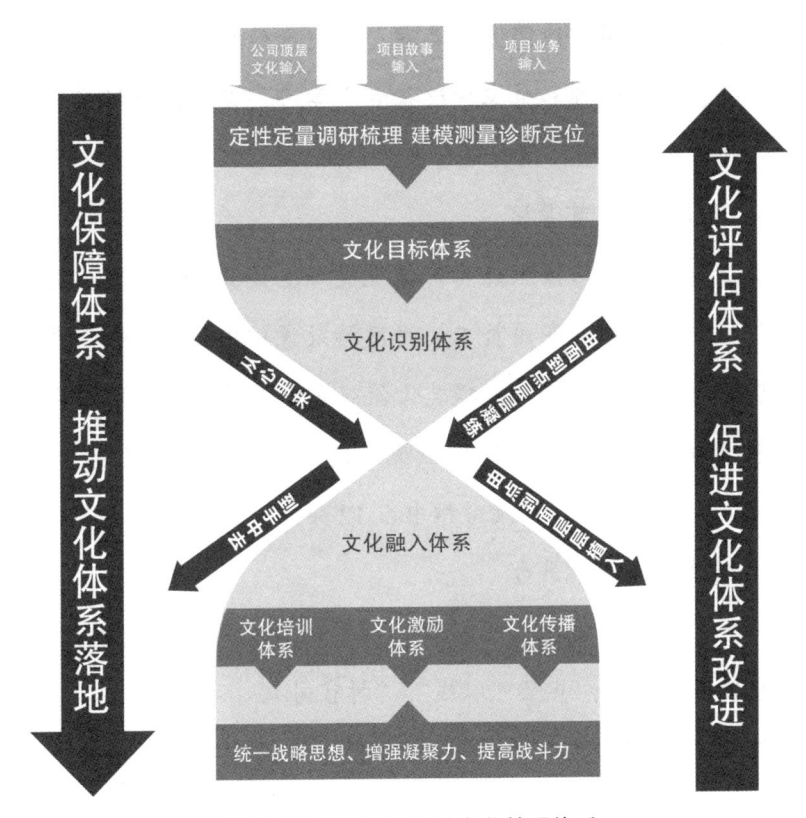

图 5-4　某科技公司的文化管理体系

1. 形成价值观，成立工作组

根据公司战略目标，提出"协同方能共赢"等文化价值观，确定文化体系建设方向、实施规划及步骤，将其视作系统工程进行部署，同时成立文化专员工作组、设立 100 万元 / 年的文化建设经费，创造良好实施条件。

2. 编织文化核心课程与手册

公司连续 5 年开展"开年第一讲"，并编制近 20 门核心课程，由公司经营层授课，宣贯内外部形势、剖析行业标杆，部署年度能力建设行动计划。此外，公司还编印《变革之路》《管理现代化》等专刊数册,将公司"协同方能共赢"文化价值观印制成《公司文化手册》并在全体干部和员工中进行宣贯学习,在会议现场采取抽查等方式评价学习质量,同时进行线上达标考试。

3. 开展文化宣贯考核

要求各相关部门按照公司价值观提炼本企业文化故事,对于提炼故事好的员工直接在该员工的月度绩效考核中加 1~5 分,并影响其年度绩效;对于干部,根据其价值观宣贯考试情况、所在部门文化故事提炼数量、日常践行价值观时的推诿扯皮等情况进行考核,文化价值观得分在年度绩效考核中占 12 分。

4. 建立反馈投诉平台

公司还建立了线上反馈投诉平台,遇到文化价值观践行问题,可以直接线上反馈,甚至可以线下"打官司"。

这一套将公司文化价值观进行落地管理、实际考核的"组合拳",让企业的能力协同建设有了显性的文化载体,持续激发着企业员工和部门增强自身能力与活力。

三、建立统一的行为规范法

改变人的习惯和行为模式之难,难于上青天,这就是文化管理的难点所在。行为规范法是指通过激励员工形成一定的行为规范,推动不同部门、不同员工间的能力协同的一种方式。

【案例 5-6】某汽车企业的知识管理行为规范

某国内自主品牌汽车企业早年从美国底特律引进一名华人资深

工程师，担任该企业副总、汽车研究院院长。奇怪的是，这名院长并没有着急去研发新的车型，而是一直致力于做一件对国内自主品牌企业来说很新鲜的事，那就是引入美国汽车企业内部成熟的知识管理系统（knowledge management system，KMS）。

1. 引入知识管理系统理念

所谓知识管理系统，通常是指收集、处理、分享一个组织的全部知识的信息系统。知识管理系统需要技术人员或生产人员将每天工作中发现的小诀窍或解决问题的方法，通过电脑和互联网录入到系统中。这需要花费半小时左右的时间。刚引进时，员工根本不习惯，甚至出现了排斥的情况。

为什么这名副总要这么做？

很简单，就是在企业内部形成一种知识积累和协同的文化，不让从实践和试错中得来的宝贵知识轻易流失。事实上，这家企业之前面临着严重的问题：员工走了，他脑子里的知识也就从此消失，其他人要再碰到类似问题，还需要重头再来。竞争这么激烈，怎么可能再做那么多重复无意义的事呢？其实这也是加强协同的一种方式：通过知识留存和显性化的方式，帮助其他部门在需要获得帮助的时候，直接从系统里调取查阅相关知识。这何尝不是一种协同呢？甚至比传统意义上的协同范围更广、效率更高、效果还更明显。

2. 推行知识管理系统的奖励方法

为了让员工适应知识管理系统、改变以往的行为模式，企业开始通过奖励的方式，鼓励员工写。比如，写一条小经验、小诀窍奖励一定金额的现金，写一个大的解决方案，奖励更多现金。通过这种方式坚持了2年，企业终于看到成效：研发速度加快、重复劳动减少、研发质量快速提升，内部协同明显改善。这不正是企业管理者最想看到的结果吗？

　　文化建设绝不是只写在墙上，要变成知行合一，要变成行动。只要行动一天没做到，企业文化就一天没长在人的心里，协同能力也就无从提升。当然，通过文化培育提升协同能力注定是一件长期主义的事，而不是心血来潮。不论企业过去做得怎样，都可以尝试上面三种方法。等回过头来，当企业忽然发现企业部门和个人间的能力协同在无形间增长了一大块之后，一定会感谢当年坚持的自己。

第六章

工程化结果：能力底座与全域能力韧性
——用能力底座，实现企业高韧性和强竞争

生成式能力的最大价值在于不断让企业实现自我进化，面对内外部的困境和问题快速找到应对之策和解决方法，持续动态强化自身的竞争力，而不是被困住手脚坐以待毙。相应地，生成式能力工程建设的终极目标就是帮助企业打造一个可持续的能力底座，让企业形成全域能力韧性，用强韧性去对抗成长路上的各种风暴摧残。本章首先介绍能力底座的内涵和标志，随后介绍企业实现全员全环节全流程的全域韧性，最后提出依靠能力底座和全域韧性实现能力持续提升的三个策略。

第一节　打造企业能力底座

基础设施是人们常挂在嘴边的词，改革开放初期有句顺口溜"要想富先修路"，这个路就是经济发展的基础设施；每年冬季广大农村都要开展农田水利基本建设，这也是发展农业必不可少的基础设施。那么，对企业来说，基础设施是什么呢？主要有两类：第一类是硬件基础设施，比如企业的电力基础设施、通信基础设施、互联网基础设施等；第二类则是软性基础设施，比如，生成式能力就是当今时代企业生存和发展、在激烈竞争中立足的必须基础设施。没有能力的软性基础设施，再好的硬件也是摆设，因为硬件可以买来，而软性基础设施则是企业长时间积累的内生能力、技术和管理诀窍、暗默性知识，既买不来、也学不会。

企业打造生成式能力，目的也是建立一种软性基础设施，我们将其命名为企业的"能力底座"。所谓"能力底座"，是指企业在长期发展过程中通过各种方式试错、验证、积累和沉淀下来的独特思维和知识经验体系，以及解决问题时的一种协同作战方法论。这个概念包含两个关键点：一个是知识经验体系，另一个是协同作战方法论。

可以将知识经验系统想象成一种由大量知识点构成的"知识生态"，它们之间相互链接、交互作用、内外通达、依存共生，能够在面对内外部新问题时快速理解、迅速求解。企业积累的知识量越多，其知识经验系统就会越发达，知识生态就越有活力。注意，这里讲的不是单个的技能点或知识点，而是整个知识体系。只有把零碎的知识整合成一个有机的体系或系统，才能真正的解决问题。

协同作战的方法论则可以想象成在企业里长期形成的一种做事思维、组织流程与行为方式的结合。这种方法论能让企业在面临突发情况或重大外部压力时，整个组织不会太过慌张，而是每个人知道自己的分工，并且通过有组织的并肩作战的方式克服困难、找到出路。

一位企业董事长曾这样感慨，"为什么这些年我不断在变？因为我太难了，外有难、内也有难。但办法总比困难多，找到办法的前提就是在企业里打造一个东西，无论遇到什么，我都能扛得住，最后让企业形成一个真正可持续发展的竞争力。这个能扛十级风浪的东西，就是能力底座。如果我们能力底座不行，我们怎么办？怎么去适应外部的剧烈变化？不可能。"

这不只是一个企业负责人的感受，而是所有老总共同的心声和向往。当然，不同企业的能力底座各有特色，不必模仿其他企业的能力底座。比如，有的企业偏市场范式，当出现危机问题时会用市场能力底座的手段来化解；有的企业偏技术范式，会选择用技术能力底座去应对惊涛骇浪。

世上伟大的企业，一定是靠能力底座应对各种风云变幻的企业，也一定是用能力底座从连续的炮火和危机中反败为胜的企业。

但凡一个好的企业的能力底座，注定有三个方面做得不错：一是能力要素丰富，二是能力方法有效，三是能力机制健全。这三者合在一起就是能力底座，最后的结果就是能生长出能力、实现能力自演进。

必须再次强调，生成式能力工程建设的目标，不是单独强化或提升某种单项能力，而是形成一种知识经验体系和协同作战方法，让单项能力之间发生更多链接。所以，能力底座一方面要积累更多的知识和经验（包括教训），另一方面是让这些知识形成一个强关联的有机体系。

那么，下一个问题，怎么在一个企业里打造能力底座？本书第一章已经讲了用工程化思维和方法形成生成式能力的流程，其实就是在为能力底座打基础、做准备。下面我们从企业能力进化和知识体系迭代的角度，讲述企业能力如何从"能力点→能力网→能力体"

的过程，这恰恰代表了企业打造能力底座的三个阶段。

一、增加主题知识量，提升"单点能力"阶段

企业通过对各种职能部门设定能力目标等，不断增加各职能部门的知识量和经验值，是生成式能力进化的第一步。很显然，如果一家企业掌握的知识量很少，那么在碰到新的问题、面临新的竞争时，可以调用的知识就非常有限。生成式能力需要有足够的基础知识点，才能通过积累量变产生质变。

二、提高知识的链接强度，由"单点能力"升级为"能力网"阶段

当单点能力积累到一定程度，如果没有发生能力背后的知识关联，就像一个个孤立的普通积木，再漂亮精致也无法搭成一座好看的城堡。因此，此时的重点任务是打通不同知识间的关联点，让知识点自带接口，相互链接扣紧，组成地基、屋顶、城墙等知识单元，也就是能力网，再通过能力网的组合，最后形成一座城堡。

那么，怎么才能提高知识点之间的链接强度？

知识点间的链接强度本质是企业运用知识的熟练程度，一旦对知识点及其关联很熟悉，那么就能做到熟练和习惯性地使用知识。这就像用积木去搭建一座城堡，高手很快就能知道用哪些积木、用什么方式去组合，而不是一个个去试。通过不断建立积木间的联系，这些高手早已洞悉了它们的特点和相互间的关系，因此形成了非常稳定的反应链接，能迅速找到解决之道。这就是能力网的内涵。

对企业来说，增强知识点间链接强度的过程就是在寻找部门和

部门、职能和职能间的协同关系，形成稳定的协同方式，找到不同知识间的接口。企业经常碰到的问题是，各个部门或业务的单点能力很强，但没法组合到一起。最终，不同的知识点组合就形成一种"知识网块"。任何组织的知识形态都是一串接一串、相互交织形成的网块结构，这些网块结构能够快速形成一套完整方案，大大提升组织解决问题的能力。

那么，具体有哪些方法可以用来形成知识网块？

1. 强化链接

强化新旧知识的链接，比如通过比喻、联想和试错等方式，用现有知识来解释、理解和接纳新知识，最终就能把新知识融入自己的知识体系内。对企业来说，建立不同部门间的绩效考核联动机制，建立部门人员间的业务交流和反馈机制，召开内部沙龙等，都是在强化新旧知识的链接。

2. 刻意练习

刻意练习，即强迫自己反复使用某些知识点，持续寻找不同知识点间的关联，当这个强度足够大时，就会在脑子中形成一组"快捷键"。当出现任何问题时，就能迅速激活这些快捷键，进而进行优化组合。比如，画家拿起画笔，脑子中关于这幅画的光线、色彩、构图等相关快捷键就会被迅速激活。对于企业来说，刻意练习就是在内部建立一种知识管理的长效机制和强化机制，让各高管、中层干部和基层员工将知识管理、知识协同当作一项具体工作来落实，到一定程度后就会出现潜移默化的显著变化。

知识网块是一种潜移默化的能力，你平常看不到它，关键时刻却能帮你解决问题。比如，当出现订单下滑、产品滞销的情况，一般人只能从单个措施的角度入手，比如，降价促销、增加投放广告、加大经销商激励力度等，这就是单点知识。但有经验的营销人员就会从营销的 4P 营销理论（product 意为产品、price 意为价格、promotion 意为推广、place 意为渠道）或从客户关系管理系统（customer relationship management，CRM）对 7P 分析（profiling 意为客户概况分析、persistency 意为客户忠诚度分析、profitability 意为客户利润分析、performance 意为客户性能分析、prospecting 意为客户未来分析、product 意为客户产品分析、promotion 意为客户促销分析）出发，根据实际问题快速形成一整套方案，全面而系统地加以解决。

三、形成稳健的知识网块组装能力，由"能力网"进化为"能力体"阶段

当一个组织有了足够多的知识网块后，可以对这些知识网块进行随机组合，就会发现很多新的方案和想法，这就是知识网块的组装能力，也是一个组织的创新和创意能力的根本来源。提升知识块组装能力的重要途径是采用各种先进的技术工具和管理方法，比如，用于决策分析的态势分析法 SWOT（strengths 意为优势、weaknesses 意为劣势、opportunities 意为机会、threats 意为威胁），用于正向演绎推理的"三段论"，用于全面质量管理分析的"人机料法环"法等。用这些方法工具，有助于迅速发现知识网块的最优组合方式，找到解决方案。

当这种创新和创意能力变得足够多时，就会让组织成为一个"全副武装"的能力体，面对各种情况都能快速调取相应知识和法则，高效多样地组合知识系统中的多个知识块，进而持续扩展这些

知识网块接口的兼容性和适用边界。到了这个阶段，企业的能力底座就基本形成，进而产生正向循环：每当面对新的问题和挑战，企业的知识系统就会迅速启动、快速激活、高效组合、持续试错，最终不但解决问题，而且生成新的知识、积累新的经验，知识系统产生指数级增长，对应的能力也会迅速提升、能力边界不断扩大，这就构成了生成式能力的根本来源。

很多的成功企业，你看它不动声色悄无声息地就解决了危机和问题，其实是内部具备了强大的知识块组装能力，形成了能力底座。当然，要让知识块组装能力持续增强，同样要靠内部机制，比如，激励机制、沟通机制、联动考核机制等。

总而言之，一个健康的能力底座，一定会让企业持续不断地生成新的能力，而不是僵化生硬地在原地踏步；一定可以不断扩展企业能力边界，实现能力的进化和升维；一定会打造出一个具备强韧性、内外部始终高度流通互动的组织，不惧怕竞争而是拥抱竞争。

第二节　实现全域能力韧性

当今企业所处的环境变幻莫测，人们时不时会提到一个词即"VUCA 时代"，这是一个描述当前世界特征的术语，其中"VUCA"是 volatility（易变性）、uncertainty（不确定性）、complexity（复杂性）和 ambiguity（模糊性）的首字母缩写。在这样一个时代，很多过去有用的经验和曾经有效的做法，已然失效。那么，企业究竟应该如何生存和发展？

万变不离其宗。我们认为，在VUCA时代，企业必须要具备全域能力韧性，才能让自己在惊涛骇浪中持续成长和不断升级。

全域能力韧性包括两个关键词：一个是全域，另一个是能力韧性。所谓全域，是指企业在全员全环节全流程都具有相应的生成式能力，可以针对变幻莫测的外部环境做出快速响应和适应性改进。所谓能力韧性，是指企业基于生成式能力而具有的一种吸收外部冲击并实现可持续发展的韧性特质。

那么，什么是韧性？

韧性原是一个物理概念，指一种材料吸收外部冲击和在冲击下恢复原状的能力。韧性既可以体现在宏观经济领域，又体现在企业微观运行层面。比如，当前以美国为首的西方发达国家对我国实施"脱钩断链"，在这种情况下中国巨大的市场、完备的工业体系和高端劳动力优势就为中国经济的稳健发展提供了韧性保障。对企业来说，韧性则是指企业在遭遇重创或巨大压力时，走出逆境、迅速找到新机会的发展力。从长期来看，高韧性企业的存活率是其他企业的近两倍。企业只有具备韧性，才能在无法预见的各种危机和风险中活下来。对个人来说，韧性更是百折不挠的代名词，就像当年愚公移山不论遭遇多大困难，都要想办法去应对解决并最终完成目标。

为什么有的企业或个人能够遇挫折而不败，总能化险为夷，而有的企业或个人遇到压力就一蹶不振甚至最终消失？就在于是否形成了一种内生的能力，这种能力可以让企业或个人有足够的韧性，也就是能力韧性。让自己活下来，核心是在风险突然来临时不仅能在短期内扛住压力、拥抱风险，还能快速修复并进化发展、再次找到新机会。

事实上，这也是本书为什么提出"生成式能力"的初衷。

以往，企业对能力韧性的要求更多集中在某一职能上。全域能力韧性对企业的要求相当高，既要求全员，还要求全环节，更要求全流程。

一、全员的能力韧性

所谓全员的能力韧性，是指从企业高管到中层管理者再到基层员工，从技术员工到管理人才，从内部人员甚至到外部协同方，都要认同并具备生成式能力的理念与方法。

二、全环节的能力韧性

所谓全环节的能力韧性，是指企业在经营和管理的各个环节中，都具备相应的生成式能力，包括战略、组织、人才、运营、财务、绩效、技术、创新等各个职能都将生成式能力的培育和发展作为一件基础性的任务来看待和完成。

三、全流程的能力韧性

所谓全流程的能力韧性，是指在企业的价值获取流程和业务开展流程中，将生成式能力作为底层能力加以培育，以此确保相关流程的高效开展，收获相应的绩效产出。

下面，我们来分析一个案例，探究企业如何基于能力底座打造全域能力韧性。这家企业名为联影医疗，它打造全域能力的路径是跳过低端，直接进入高端市场，在产品线、零部件体系、技术创新以及人才队伍方面实现全域能力韧性。

【案例 6-1】LY 医疗公司的全域能力韧性

医疗影像设备业是一个技术门槛极高的行业，我国的高端医疗影像设备业长期依赖进口，被通用电气（GE）、飞利浦（Philips）、西门子（Simens）三家公司所垄断，80% 的计算机层析成像（computed tomography，CT）、90% 的磁共振（magnetic resonance，MR）、100% 的正电子发射计算机断层显像（positron emission tomography-computer tomography，PET-CT）产品均为外资品牌，核心部件都掌握在外方手里。要在这种情况下打破垄断，企业必须具有极强的能力韧性，才能实现持续发展。

LY 医疗公司是一家由留学归国海归人员创办的科技型企业，于 2011 年成立。公司创始人早在 1998 年就创立了磁共振公司迈迪特，并率团队研发制造出 1.5T 超导磁共振系统。然而，虽然实现了产品的突破，但薛敏发现，外方对核心零部件的要价越来越高，可企业不买就面临停产的危险。

怎么办？必须通过提升内在能力，找到破壁之道。

LY 医疗公司在成立后，创始团队对行业形势进行了综合研判，认为必须直接瞄准高端市场，才能摆脱外方的垄断、迈向价值链高端。

为达到这个目标，公司提出了"三个必须"的布局：首先，必须全线布局 CT、MR 等七大高端医疗设备产品线；其次，产业链上的所有关键部件、核心部件必须达到自主可控；最后，公司推出的任何一款产品，都必须对标国际顶级的产品，并且至少有一个参数要超过它。

"三个必须"的布局背后，一定要有相应的能力体系来支撑，尤其是LY医疗公司这样直接定位于高端市场、高端产品的企业。

于是，LY医疗公司在人才队伍、生态圈、产品线布局、关键部件开发和品质性能上持续发力，打造一种具有韧性的高端化能力。

在人才队伍上，LY医疗公司以全球化视野吸纳行业人才，全公司人才队伍中，超过1900人拥有硕博学历，超过500人有海外教育背景或工作经历。这些高水平人才队伍奠定了LY医疗公司持续研发的人才能力基础。

在产业生态圈方面，2018年LY医疗公司在美国休斯敦正式成立集研发、生产、市场营销于一体的北美区域总部，组建起一支具有丰富经验的美国本土团队。LY医疗公司联手加利福尼亚大学戴维斯分校的顶尖分子影像团队，合作开展正电子发射断层（positron emission tomography，PET）系统的研发。2023年6月，双方的合作项目——行业全新高灵敏度高分辨率脑专用PET系统，在美国核医学与分子影像学会（society of nuclear medicine and molecular imaging，SNMMI）中正式亮相。LY医疗公司还同加州大学戴维斯分校、宾夕法尼亚大学、加州大学伯克利分校劳伦斯实验室成立探索者联盟，在美国国立卫生研究院（national institutes of health，NIH）历史最大单笔1550万美元专项资金的支持下，共同谋划如何将全身人体扫描的PET设备从构想变为现实。这些举措让LY医疗公司打造了强大的生态圈能力。

1. 产品品质方面

LY医疗公司采用了一种"内部工程师＋外部供应商"深度驻

厂合作的方式，对每一个指标、每一个参数都进行反复研讨和实验，通过这种方式来带动供应商产品在指标性能、可靠性方面满足高端医疗设备的需求。通过这种方式，LY 医疗公司同供应链合作伙伴共同打磨出一系列高精尖零部件、元器件，满足了技术标准，带动 200 余家企业打造出一个本土高端医疗设备产业链。此外，LY 医疗公司从用户角度出发，让团队驻守三甲医院，与医生合作研发，将用户需求直接反映到产品开发中，也让医生更熟悉本企业开发的产品。

2. 创新能力方面

LY 医疗公司引进了人工智能开发工具，构建了贯穿整机系统和核心部件的垂直创新体系，构建了贯通全产品线的硬件和软件创新平台，研发投入 19 亿元，占比 16.81%，截至 2023 年年末，累计授权专利数超 4100 项，其中发明专利超 3000 项。上述举措为 LY 医疗公司构筑了强大的平台研发能力。

3. 产品布局方面

LY 医疗公司规划了从整机系统到核心部件，再到关键元器件，以及全线高端医学影像及放疗产品核心部件的整合体系。LY 医疗公司一方面开发当前市场主流产品、满足市场需求；另一方面，针对行业未来 5~8 年的技术做前瞻研究和布局。以 2023 年发布的新一代 PET-CT 为例，LY 医疗公司首次将分子影像设备时间分辨率提升到 200ps 以内，这一技术突破不仅填补了国内空白，也达到了国际领先水平。此外，LY 医疗公司更是通过自主打造了研发系统、算法、工艺控制软件等，从传统的硬件迈向软硬结合，实现院内院外结合打造整体解决方案。这一系列举措，让 LY 医疗公司的产品更新能力持续提升。

4. 服务能力方面

LY医疗公司针对高端医疗设备对服务要求高的特点，结合常规售后、应急售后和意见反馈售后的不同特点，在海内外建立了一支具有强技术能力和注重细节的售后团队，为各级客户提供包括培训、安装、维修、升级、保养等方面的综合服务。截至2023年年底，公司全球服务团队人数超过1000人，公司工程师本地化驻点服务国家19个，公司海外中心库房18个，海外备件平均在库率96.7%，公司全球化售后服务网络已初具规模。此外，LY医疗公司非常注重从服务沟通中获取反馈信息并提供给研发部门，以更好地推动后续产品的优化升级工作。这些举措为LY医疗公司打造了坚实的服务能力体系。

如今，LY医疗公司已形成完整贯穿"整机系统－核心部件－核心元器件"的垂直创新体系，构建了包括医学影像设备、放射治疗产品、生命科学仪器、医疗数字化解决方案在内的完整产品线布局，让自己的韧性大大增强。LY医疗公司的产品和技术在多个领域实现了世界领先，为推进高端医疗装备全创新链和能力生态、实现产业链自主可控做出了自己的贡献。

第七章

生成式能力工程落地的风险与对策
——规避三大风险，让能力生成扎根结果

生成式能力工程建设面临三大风险：一是人的认知风险，二是技术手段的风险，三是机制设计的风险。规避这三大风险，方有可能让生成式能力工程在企业里扎根开花、结果见效。当然还有一个重要前提，生成式能力工程建设从导入到见效必须坚持3~5年，绝非一蹴而就、一抓就灵。本章首先介绍三大风险的具体内涵，随后从"激励人、控技术、优机制"三个方面提出相应的对策。

第一节　生成式能力工程落地的三大风险

生成式能力工程的落地：一靠人的创造性执行，二靠技术的精准赋能，三靠机制的长效保障。这三者缺一不可：少了人的创造性执行，就不可能源源不断长出新的能力；少了技术手段的精准赋能，就会让能力成长缺少标准和流程而显得杂乱无章；少了机制的长效保障，就会让能力生成活力和动力、人员缺乏稳定预期。

有一家企业负责人曾这样说："人、技术、机制，这是企业能力建设中最关键的三个要素。要搞能力建设，就要先解决人的认知问题，再用技术手段流程化、标准化，最后用机制把人和技术揉起来，融合串联，让人和技术能持续发挥作用。"这段话反过来理解就是，越是关键的要素背后，越孕育着潜在的风险。下面我们就从人、技术和机制这三个方面来分析生成式能力工程的风险。

一、人的风险

生成式能力工程落地的第一大风险，就是人的风险。人的风险既包括人的认知风险，也包括执行风险、道德风险等。具体到对象而言，既包括高管，也有中层干部和基层员工，但风险主要集中在高管和中层干部。

企业在能力建设和创新过程中经常碰到的一种情况，不是一把手的意识落后或思维保守，而是一把手很有想法、力主改革创新，但无奈手下的高管、中层干部和基层员工跟不上领导的步伐，认知滞后、执行脱节、内心抵触，最后活生生把一把手的改革创新之火"憋"死。所以，要解决人的问题，必须从改变人的认知入手，激发人的活力提升，以形成能力建设的文化氛围为目标，让人从能力建设中的被动参与者，变为主动能动的一分子。

二、技术手段的风险

生成式能力工程落地的第二个风险，是技术手段的风险。所谓技术手段，是指企业为实现能力提升而引入的相应设计思路、技术方案、管理方法等。这里的技术，不是指纯粹的自然科学或工程科学技术，而是一种针对能力问题的综合解决方案。技术手段看上去不是什么大不了的风险，但其实一旦选错用错或生搬硬套技术手段，就会事倍功半甚至阻碍企业的能力建设进程。具体来说，技术手段风险有三个关键点：选错技术的风险，即在其他企业有效但在本企业无效；僵化使用技术的风险，即生搬硬套而不顾企业实际情况；排斥技术的风险，即只相信老经验老传统，不愿尝试新技术和新方法。

比如，为提升企业整体能力、对标行业一流，不少企业引入了卓越绩效管理方法。所谓"卓越绩效"，是指通过综合的组织绩效管理方法，提高组织的整体绩效和能力，为顾客和其他相关方创造价值，并使组织持续获得成功。综合的组织绩效管理方法就是卓越绩效模式，也就是卓越绩效评价准则。引入这套评价准则，意味着企业的方方面面都要大动一番，更为关键的是，它不只是为了短期质量提升或绩效改进，而是为了企业的持续成功和能力提升，因此认知必须提升、知识必须扩充、时间要足够长、还要做适应性改进。但很多企业引入这套评价准则最终并不成功，分析背后的原因多种多样，有的是高层领导认知存在偏差，有的是牵头部门组织不力，有的是导入时间不够，有的是对标准的理解不准确，还有的则是没有坚持不懈……种种原因，都使得先进的管理手段和模式无法在企业真正落地。

当然，有的技术手段本身并不适合企业，形式上领先实则难以发挥作用，下面来看一个实例。

【案例 7-1】某企业奖金激励核算的简单问题复杂化

D 公司在成立和发展早期，根据自己的实际情况出台了相应的激励核算制度，包括针对项目研发人员的奖金激励核算，营销人员奖金激励核算，针对管理干部、核心业务序列、区域公司等独立业务单元的超额奖励制度等，运行正常。后来，该公司花重金请某国际知名咨询公司进一步改革优化激励体系，该公司曾为华为做过薪酬激励设计。在这家咨询公司的主导下，企业引入了奖金包的概念，然而施行新的薪酬激励办法后"效果并不好，不太接地气"。原因很简单，这家咨询公司把简单问题复杂化了，看上去高大上，却让下面的人不知如何操作。

之前D公司制定的奖金激励核算办法简单直接，与利润直接挂钩：你拿了多大金额的项目，利润是多少，公司就给项目团队核算多大的奖金额；如果超出目标，公司就给项目团队3~5倍的业绩薪资。这个算法非常直接实用，"干多少活，就拿多少钱"，大家很快就能算出来，激励性自然很强。

然而，咨询公司将针对华为公司的一套奖金包办法直接移植过来，设置了十多个系数，并且采用多层嵌套算法。这导致下面的区域公司最后算不出来，也搞不清楚"我拿这个项目，到底能拿多少钱"。显然，适用于华为的绩效核算方法并不完全适用于D公司。

世间的事，一定是适合的就是最好的，而不是最好的才是适合的。这家国际知名咨询公司给华为做方案能够成功的一个重要原因是：华为是一艘巨型航母，20多万名员工，管理层级多、组织结构复杂、业务项目众多，需要用相对复杂和全面的算法对激励加以分解和核算。与之相比，D公司只是一个小舢板，五六百人，管理层级少、组织结构简单、业务项目清晰，用越简单直接的激励核算越有效。

三、机制的风险

生成式能力工程的第三个风险，是机制的风险。机制在生成式能力工程建设中具有独特价值，它是将人和技术这两个关键因素糅合起来发挥作用的背后指挥棒。好的机制，就像一个巨大的催化剂，让人尽其智、技尽其用，企业可以持续不断生成和输出能力；不好的机制，就像一个无形的阻碍器，让人丧失活力、技术起反作用，谈何积累和生成能力。具体来说，生成式能力工程建设的机制风险，既包括机制僵化的风险，也包括新机制错配的风险，还包括企业本身就没有意识到进行机制变革调整的风险。不妨来看下面的案例。

【案例 7-2】某企业引入 IPD 水土不服的机制之惑

H 公司是一家国有科技型企业，为提升研发创新能力，花重金在内部引入了华为的 IPD 方法。IPD 是一套产品开发的模式、理念与方法，最早由 IBM 付诸实践，也最终由 IBM 推向全球企业。1992 年，IBM 在激烈的市场竞争中面临严重的财政困难，公司销售停止增长，利润更是急剧下降。面对这种困境，IBM 通过调查发现自己在研发费用、研发周期等多个方面远远落后于同行最佳。为重获竞争优势、赶上同行最佳，IBM 提出两个目标：一个是在不影响产品开发结果的情况下，将研发费用减少一半；二是将产品上市时间压缩一半。为达到这两个目标，IBM 整合了诸多业界最佳实践，从流程重塑和产品重整两个方面入手，有效地进行产品开发，最终实现了持续成长。

H 公司也面临着与 IBM 当年类似的问题，一直在寻找合适的方法加以解决。在看到华为引入了 IPD 方法后，H 公司也引入了 IPD 方法。然而，在试行一段时间后发现效果不如预期。究其原因，一是没有进行本土化改造，生搬硬套很多流程，导致原来在企业里磨合良好、运行顺畅的流程环节被改变；二是没有针对中国情境下的特殊情况进行考虑，比如，国有企业的诸多流程有较强的刚性；三是企业本身缺乏实施 IPD 的土壤，没有华为的机制，企业内部上下思想不统一，部门和部门间的协作不到位，老国有企业原有的惯性、机制和员工的身份没有突破，等等。这让公司领导意识到，要让 IPD 模式发挥最大效用，机制必须变革、场景必须匹配。不过 IPD 方法在 H 公司的引入也并非一无是处，它在产品开发事业部被保留了下来，继续在 H 公司内部进行探索演化。

要将人、技术、机制这三个要素糅合在一起，本身就是一件难度极高的事，自然面临很大风险。它要求企业管理者有很高的能力和能量，持续摸索、学习和迭代优化，谁能熬过这个过程，谁就有可能跨越风险、品尝甜蜜。

第二节　激励人：全覆盖的强激励与长激励

如前所述，要让生成式能力工程落地，首要改变人的认知、激发人的活力、形成能力建设的文化氛围，其中考核人与激励人是关键。然而，说易行难，改变人是世上最难的一件事。为什么对人既要激励又要考核？从人性的角度出发，一方面人往往是被动和自私的，所以要用各种功能考核规范其行为；另一方面人又具有主观能动性，所以要通过激励让人的主观能动性发挥出来。所以，考核是倒逼，激励是正推。这一正一反，就如同"大棒＋胡萝卜"的组合拳，往往在现实中最为有效。

具体来说，对人的考核激励，要采用一种全覆盖的强激励与长激励方法。其中：

（1）全覆盖

全覆盖是指既针对高管群体，也针对中层干部和员工群体。

（2）强激励

强激励是指激励的强度，不是一般小激励而是大刺激。激励措施足够强，才能让人内心产生触动。

（3）长激励

长激励是指激励的长度，周期长而且稳定，不是临时措施或只在短期内有效。激励持续时间长，才会让大家产生稳定预期。

下面，我们就用几个案例，从高管、中层干部和基层员工几个层面看看如何用全覆盖的强激励与长激励来解决人的问题。

对企业高管群体来说，传统的激励和考核虽然也能发挥作用，但如何让其认知进行底层突破和提升，才是推动生成式能力工程落地中最关键的。来看下面这家企业的独特而有效的做法。

【案例7-3】某企业激发高管的"开年第一讲"

Y公司的一把手在企业能力建设行动过程中发现，身边几位高管的认知不统一导致的后果远比他想象的严重：一是对能力建设本身的认知有差异，没有从底层逻辑搞清楚能力建设和企业生存发展的迫切关系；二是落实态度有很大差别，有的高管认为只是走走过场、喊喊口号，有的高管则真刀实枪从业务和流程入手推动能力建设；三是对自己下属部门的能力建设缺乏思路，能力分解粗糙、能力对标模糊、能力评价匮乏；四是没有找到适合自己部门的、恰当得力的工具手段和技术方法。

于是，为提升高管们的认知、按统一步调节奏推进能力建设，M公司一把手采取了"开年第一讲"的独特方式，"逼"着高管统一认知、提升认知、达成共识。

1. 确立"开年第一讲"做法，解释内涵

所谓"开年第一讲"，是指每年春节后，高管按照提前确定的年度发展关键词，在全公司公开大会上台演讲，讲自己对未来一年的"施政方针"，讲自己对能力建设的理解和认识，讲过去一年工作存在的不足和问题，讲具体的目标指标、落地路线图、行动方案，尤其要结合自身情况讲相关的新知识、新模型、新理论、新逻辑。每年的"开年第一讲"都由公司设定不同的关键词，比如，有一年的关键词是"能力现代化"。当然，光讲还不行，讲完由现场全体人员打分进行评价并且要签订责任状……

这样的做法，一开始让所有高管们很不适应，有高管说："自从开年第一讲以来，我就没过过一个好年，过了初五就要提前上班，召集部门人开会，一起讨论讲什么、怎么讲、怎么得到认同，确实很累，压力很大"。

2. 改进"开年第一讲"方法

事实上，一开始这种做法确实收效一般，虽然台上高管干部们讲得眉飞色舞、颇有气势和震撼力,但到年底发现其实只完成了简单的事,复杂的和难做的事基本没做。为什么没做?因为下面的中层和基层不知道领导干部们究竟要做什么,他自己也不知道自己怎么做,能力意识和能力行为跟不上,也就没法落地。后来,这套方法逐步优化改进,不仅要讲新理念、新概念、新模式,还要讲目标指标、落地路线图、行动方案,更要讲检查考核、评估验证。这样坚持几年下来,效果越发明显。因为高管们已经习惯了这套做法,平常就会逼自己琢磨下一年该怎么讲、怎么做,怎么通过一把手和全体员工的考评。

正是这种方法,让高管们持续都在关注新的变化,永远都在思考能力建设的底层逻辑,一直在为下个"开年第一讲"做准备。当然,这套做法针对高管用效,却不见得适用于中层干部。中层干部在企业中的重要性不言而喻,它上传下达、负责落实,既是战枢纽中转站,也是战略执行者和组织协调者,更是团队领导者和风险防控者。然而,很多中层管理者在生成式能力工程建设过程中,缺乏对紧迫性、必要性的认识,更缺少提升自身能力的动力和方法。因此,必须通过其他恰当的方式倒逼激励他们。下面我们来看案例 7-4 和案例 7-5 中企业是如何倒逼激励中层干部、改变认知提升能力的。

【案例 7-4】某企业倒逼激励中层干部的做法

部分中层干部在改革中不思进取、躺平佛系、推诿扯皮是常见情况。S 公司在能力建设过程中,也遇到了类似情况。为此,公司领导决定建立干部能上能下、公开透明的考核评价机制,激发广大干部的工作积极性和创造性,保证企业方针政策的全面贯彻执行。

1. 公司制定了中层干部考核管理办法

干部考核每年一次，考核内容分为干部述职、绩效考核、满意度调查、领导考核、个案考评5个方面，考核结果按照正职、副职、享受待遇人员三个层次进行百分制排名，每个层次倒数人员分别给予解聘、降职聘用、诫勉谈话处理。每个层次的名列前茅人员作为提拔任用和评先的对象。

2. 采用中层干部一年一聘制度

该制度的实施，极大促进了在职干部的责任感和紧迫感，让年轻一代想干事、能干事的人充满激情地创新创业。实施新办法后的第二年，公司党委新提拔任用中层副职22人，副职升正职4人，正职升总经理助理4人。多名中层干部因考核结果不合格被调整至普通工作岗位。

与S公司一样，H公司在推进能力建设的过程中发现，不少干部能力意识淡薄、学习劲头不足、手段方法落后，已经很难满足企业发展的要求。于是，公司从几个方面开始变革：

（1）出台管理与考核办法

H公司出台了《人员动态管理办法》《中层管理人员绩效考核办法》《部门工资总额实施意见》，通过减少干部职数、实行任期制和加大干部淘汰率等手段激发干部队伍活力；

（2）所有岗位重新竞聘上岗

H公司实行干部"全体起立"，通过组织竞聘和公开选聘方式，每个岗位重新竞聘上岗，对通用管理岗位实行3年一个任期重新竞聘，关键岗位实行轮岗（如财务部门负责人）制度，职级在8级以上的人员都可以申请竞聘为中层干部；

（3）干部绩效考核与职位任免挂钩

H公司将干部年度绩效考核与职位任免直接挂钩，对排名靠后者动态调整淘汰。被淘汰人员身份从干部变为普通员工，具体渠道包括转岗、劳务输出、轮休直至解除合同。上述举措实施后，H公司当年即淘汰20余名中层干部。

H公司对中层干部的淘汰是动真格的，它会根据当年经营指标完成的实际情况，对干部淘汰率指标动态调整：如果正好完成目标，干部淘汰率设定为15%；如果当年超额完成目标，干部淘汰率设定10%；如果没有完成目标，干部淘汰率则提升至30%。

这样的做法，让每一个干部如履薄冰，也随时将能力建设和能力提升挂在心上并落实在具体工作中。有人会说这样的做法过于严格，但打仗就是如此，没有严格的军令，便无以把队伍拧成一股绳向前冲锋去争取胜利。

对于基层员工来说，适用于高管和中层干部的办法并不奏效。对他们来说，最好的能力建设方法是告诉他需要做什么、怎么做，动作分解得越细越好，方案讲得越清楚越好，而不是讲道理、讲逻辑，也不能完全靠淘汰率这样的指标评价驱动。

下面我们来看一家颇有代表性的企业，它对基层员工制定的关键动作表，让一名新员工在很短时间内就可以迅速上手，显著提升工作能力。

【案例7-5】基层员工工作的关键动作表

B公司领导在工作中发现，基层员工经常出现"无效动作"或

"不规范动作"的问题，比如，一场会议看上去开得很热烈，众人积极发言讨论，但会后什么问题也没解决，无会议纪要、无成果产出、无后续动作，大家都只是动了动嘴皮子，这就是"无效动作"。还有的市场员工确实是去现场拜会了客户，但关键信息没有传递，重要的话题没有谈到，工作原地踏步，这就是"不规范动作"。

为解决这两类问题，B公司创建了关键动作表。

1. 确立关键动作表的内涵

关键动作表将所有的流程、分工等工作内容分解为一个个可执行的关键动作，通过对照关键动作表，确定完成重大事项的每个动作及其预期效果，配套相应的考核办法，就可以快速高效地推进项目，大幅降低动作执行成本。某高管对此深有体会，"不同人对同一件事情的认知差异太大，你把同样的工作流程跟不同人讲一遍，最后的执行效果一定不同，改变一个人真的很难。与其这样，还不如制定一套关键动作表，让任何人在任何时间、任何地点只要拿到这张表，培训半天后就可以上岗。流程有哪些、每个动作怎么做、每句话该怎么说，都有一个统一标准，这样的方式有助于减少认知偏差。"

表7-1是B公司场地变更核准这个重要事项的关键动作表示例。

2. 确立关键动作表的制定标准

B公司在具体执行中发现，关键动作表的设计是否合理和专业细致，决定了最终成效。关键动作表有两个核心要素：第一个是颗粒度，第二个是可执行度。颗粒度足够细而且可以快速找到责任人执行的动作，就是合格的关键动作；相反，如果颗粒度较粗且不知道执行人是谁、也不好快速落地的动作，就是不合格的关键动作。

表 7-1 关键动作表示例

重要事项	风险	关键人	关键动作 （时间、关键点、动作、产出物）	解决措施 （节点、方案、目的、评估、负责人）	计划完成时间
核准变更	1. 核准变更能否变更 2. 某月某日前无法完成核准变更，影响开工进度	某部门	前置条件：变更后的土地预审文件、项目变更报告、县××局出具的场址变更文件、县审批局上行文 1. 某某于某月某日前完成项目变更报告编制，并协调设计院盖章 2. 某某于某月某日拜访某部门获取初稿，某某于某月某日具场址变更文件初稿，拜访某部门审核场址变更文件，某月某日变更报告内容，某月某日完成场址变更文件盖章版 3. 某某于某月某日拜访某部门出具上行文，某月某日获取上行文初稿，某月某日完成上行文盖章版 4. 某某于某月某日携带核准变更文件报送至某部门，盯办某部门当天提交系统审批；（某某于某月某日需获取审批的部门及审批人的人员），确保某月某日完成核准变更审批	1. 某某于某月某日前盯办向某部门汇报核准变更材料准备情况和完成时间，提前审核变更材料 2. 某某于某月某日前拜访某部门，提出需要某局出具场址变更文件的需求，如果某部门同意办理，则直接出具文件 3. 某某于某月某日拜访某部门，提前汇报项目情况，落实某部门出具文件的前置条件，落实办事人员文件的相关办事人员	某月某日完成核准文件变更

续表

重要事项	风险	关键人	关键动作（时间、关键点、动作、产出物）	解决措施（节点、方案、目的、评估、负责人）	计划完成时间
盯办针对对端关键设备，GIS和保护装置单一来源采购，上报招采计划，提前排产	1. 设备招采某月初定标，时间滞后；2. GIS生产周期×天，供货时间××，时间滞后	某部门	目标：保证某月某日GIS设备、保护装置到达现场 1. 某某子某月某日获取来源采购报告，确定这两个设备的产出厂家 2. 某某子某月某日联系××公司向××省发函（明确技术要求） 3. 某某子某月某日与采购部沟通联系××公司，某日确定交货计划，材料备货及计划满足我方要求。若无法满足我方要求，启动备产方案 4. 某某子某月某日前邀请物资采购中心前任××、××两家公司，采购部驻场	1. 某月某日前确定××公司保护装置满足生产周期，如果无法满足我方要求，我方自己采购 2. 某月某日若我方自行采购设备，要求采购部一周之内完成定标，确保某月某日前货物到达现场	某月某日完成供货

比如，如果去政府部门办事，在关键动作表中如果对关键人的描述是"××县政府、××县发改委"，等到员工真正去办手续时，就搞不清楚关键人是谁，怎么联系最精准、最高效；再比如，"某月某日完成审批"这个关键的描述不是具体执行动作，而是一个目标。如何达到这个目标才是关键，但恰恰没有讲。那么这样的关键动作描述就是不合格的。

为此，B公司制定了专门的关键动作表梳理标准，以下列举三条：

（1）评判：对关键动作的分解和描述，要达到即使不是搞业务的人，拿到这个东西自己就会办理，而且一办就对，否则就是不合格的；

（2）流程：关键动作要有每个事项的具体流程，关键人是谁，有什么难点，办理标准要求是什么，之前办理的流程是否对照学习了，关键点在哪，怎么与关键人达成共识，关键动作有哪些，是否已开展等实质性内容；

（3）非标动作：大部分项目的关键动作中，多数是标准动作，少数是非标动作。比如60个关键动作中可能只有5~10个需要特殊处理的非标动作，可以把它单独摘出来，这样让大家一目了然心中有数。

提升动作执行效率，不只是降低了每个人的动作成本、提高了人均效能，更降低了整个组织的运行成本、提高了整个组织效能，让该企业基层员工的重点动作执行率从40%提高到了70%，成效明显。

不论是高管的"开年第一讲"，还是中层干部的"能上能下"，抑或是基层员工的"关键动作表",都只是解决生成式能力工程中"人"风险的一小部分手段。更多其他手段需要企业在实践中自己去摸索。

第三节　技术控:寻找最优方法与工具

生成式能力工程的落地,离不开技术方法和工具的深度赋能,但绝不是任何技术工具和方法拿来就能发挥效用。寻找最优的技术方法、找到合适的技术工具,是企业在推动生成式能力工程建设中必不可少的关键环节,却经常被忽略或被淡化。具体来说,这个环节需要企业进行事前评估权衡、事中的适应性改造和事后的反馈优化,三个步骤缺一不可。

一、事前的评估权衡

企业对于待引进技术方法和工具的评估,可以从三个方面展开。一是场景和文化的适用性。当技术工具和方法大致适用所选的场景和文化背景时,方可考虑选择。比如,国有企业的文化惯性和相关的刚性要求,使得有些技术方法工具的适用性会大打折扣;再比如,适用于大型企业的工具方法,可能在中小企业中就显得"功能冗余"了。二是工具的可持续性,比如很多设计软件、运算控制软件等,在使用过程中是否要受国外厂商各种苛刻条件的制约,是否要定期向国外厂商上交升级费、关键模块的更新费。如果技术工具的可持续性差,则需要重新考虑。三是成本高低与投入产出比。企业需要从技术方法工具引进和使用的全生命周期入手，考察该技术对企业带来的产出价值，即便无法进行定量评价，也可以进行大致的定性评估。

做好以上三个方面，企业在事前就可以显著降低错选、误选技术方法工具的风险。

二、事中的适应性改造

在技术工具和方法引入使用的过程中，必须结合企业实际情况进行适应性改造。一是做减法。很多技术工具是体系化的，内容庞杂、无所不包，企业完全可以根据自己的情况去除无用模块或冗余功能，只用其中的一部分。二是做改进。不少技术工具是标准化的，缺乏个性化，企业可以根据自身需求对工具本身的内容、标准、流程等进行定制化改进。三是通过这些手段，企业可以在使用中进一步改进技术方法和工具的适用性，推动能力的快速生成。

三、事后的反馈优化

企业在使用技术方法和工具后，需要进行反馈和迭代优化，保留其中运行良好的部分，去除不适合本企业的部分。在迭代优化方面，企业可以选择自己进行优化和升级，也可以选择与他人（如供应商）等合作开发、优化升级，最终目的都是将该技术工具方法变为组织记忆。当然，如果技术方法和工具的效果不佳，就应果断停止。

让我们来看几个企业实例，探究这些企业是如何将技术工具与企业实际情况有机结合，最终提升能力的。这几个案例引入技术工具和手段的目的，分别是提升研发能力、提升风险预警能力、提升财务盈利和控本能力。

【案例 7-6】某企业引入先进数字化工具提升研发能力

某高端材料研制企业以前采用的是基于传统人工经验反复迭代的"试错－纠错"型研发模式，效率低下，一款新材料的研发周期平均在 5~10 年，高端领域新材料的研发周期更是长达 15 年，无法满足市场和企业快速发展的需要。另外，该企业进行材料研发所用的数据库来自国外，然而随着中国与西方部分发达国家关系紧张，行业内最大的数据库停止向中国大陆地区开放，由此对企业形成了严重的"卡脖子"数据瓶颈。

痛定思痛，企业领导层决定必须提升自主研发能力、提升研发效率，构建自己的数据库，核心就是找到新的研发技术手段和方法。

1. 找到新型技术方法

通过对行业内国际一流企业的广泛调研与方法搜索，企业发现"材料基因"技术方法正被越来越广泛地被采用。为此，企业进行了前期评估和分析。一是该技术是运用大数据、人工智能和机器学习方法开展材料设计，是一种全新的新材料研发方法与技术路线，符合企业当前的需求；二是国际领先企业普遍开始采用这种技术手段，说明这种技术方法的实用性较好，可落地；三是该方法是一种集成方法，获取和进行适应性改造的可能性都较高。于是，公司决定进行数字化研发手段的改造升级，实现正向研发方式的突破。

2. 形成三大核心研发能力

为此，该企业在引进相关工具的基础上，结合自身情况，通过自主开发方式进行适应性改进，搭建了数据驱动的新材料"成分－

工艺－性能"的高效计算方法，形成包含高通量计算方法、材料数据库平台、多参量多目标集成设计的三大核心研发能力：

（1）研发团队通过分子模拟和机器学习方法，建立新材料"元素－结构－工艺－性能"的统计映射关系与定量模型，倒推出符合相应功能的新材料成分和结构，快速设计出满足特定功能的新材料。高通量计算软件单次产生的高价值配方数达数千条，提高了配方设计筛选效率，大幅降低研发周期，研发能力较过去大幅提升。

（2）该企业之前有海量的研发试验和验证数据，但缺乏整理未形成数据库。为此，公司下属团队开始建设新材料的多源异构数据库平台，最终形成了收录几十万条新材料组分和性能的数据库，彻底突破了国外数据封锁。

（3）为实现多目标性能和工艺参数的智能化集成化的设计方法，该企业又与国内顶尖高校合作，将新材料前沿技术与自身的设计需求相结合，最终形成了一套可落地新材料配方多目标优化开发方法。

至此，该企业引入先进数字化工具提升研发能力的初衷达成，研发周期从10~15年缩短至3~5年，研发效率大幅提升、研发费用大幅降低，研发出的具有国际领先水平的新材料配方，工程化验证表明具有较好的成本优势和商业化应用价值。

案例7-6是企业引入业内领先的数字化研发手段并进行适应性改造从而大幅提升研发能力，下面这个案例中的企业则聚焦于财务控本能力的生成，通过选择合适的业财融合软件技术并进行定制化开发，逐步培育出之前不曾有过的精细控本能力。

【案例 7-7】某企业基于业财融合软件的财务精细化能力

某科技型企业面对激烈的市场竞争，意识到必须加强全流程成本管控，培育精细化的成本控制能力。为此，该公司从两方面入手。

1. 制定《企业降本专项方案》

该方案设定了精细控本的能力目标，识别了产品目标成本管理覆盖率、净资产收益率等基线指标，确定低成本设计、采购成本控制等关键变量。为达到这一目标，企业通过对标和实地调研，结合自身实际情况，最后确定通过引入业财一体化系统，实现业财数据融合，培育精细控本能力，有效提升低成本交付竞争力。

2. 定制化开发相关软件，打通内部数据

一开始，公司引入了某家软件公司对企业管理解决方案（systems applications and products，SAP）进行定制化开发升级，随后即引入业财一体化系统，全面打通数字化协同设计平台（team center，TC）、MES 等业务系统和财务系统接口，实现财务部门和业务部门的数据贯通。这一做法让企业的合同、交付、回款、物料清单（bill of materials，BOM）、生产领料等数据得以直观呈现，为财务部门提供了成本精细管理的数据基础。基于全流程数据贯通，公司初步实现了成本"算得清"目标，并通过"项目/产品一本账"做到按产品、按单核算收成本，进而开展了毛利偏差分析管理，成为企业财务精细化控本中的一个重大进展。经统计，引入业财一体化系统后，公司财务核算精细化程度同比提升 40%。

案例 7-6 和案例 7-7 都属于"常规"操作，即引入并改进技术手段和方法，从而提升企业的相应能力。案例 7-8 则是企业创造性地提出一套解决问题的方案和体系，改善企业的风险预警能力。事实上，通过内部不断试错和构建一套完整体系，本身就是一种通过寻找风险点、降低风险概率的有效手段。

【案例7-8】某企业利用数字化工具提升风险预警能力

当前企业的经营环境和竞争态势变幻莫测，面临的不可知风险越来越多，因此预警能力对企业高质量发展至关重要。然而，很少有企业真正想办法去提升自身的预警能力。G公司是一家钢铁企业，受到国内经济转型、贸易战、国际逆全球化的冲击，同时又面临内部风险意识不强、风险应对措施不精细、数据失真以及下属子公司分公司规模越来越大的难题，传统依靠经验的"拍脑袋"方式使得企业的战略风险和经营风险与日俱增。

在这样一种背景下，企业领导果断决策，必须迅速提升风险预警和管理能力。针对传统风险管理缺乏事前和事中预警的弊端，G公司决定利用数字化技术对风控数据进行采集、识别和评估。

1. 确定数字化预警模型的内涵

G公司把当前的数字化技术和智能化模型与本公司的风控管理紧密结合，创造性地提出了一个"数据集市－预警模型－深度应用"的解决方案。

2. 用"数据集市"解决数据来源问题

G公司打造了风控"数据集市"，针对市场数据、采购数据、能源管理数据等重点风控数据，内部横向打通职能数据、纵向汇集业务数据，外部对接第三方权威平台数据，获取产业链企业及行业政策信息等重点数据，由此形成大数据平台数据来源。

3. 用风险预警模型解决预警标准化问题

G 公司构建了风险预警模型，将过往的风控工作标准、法律法规、风控经验、案例等定性信息，运用知识图谱、自然语言处理等技术，建立起风控策略知识库、形成知识图谱，并借鉴 ISO 31000《风险管理指南》、特雷德韦委员会发起组织委员会（committee of sponsoring organizations of the treadway commission，COSO）《企业风险管理框架》国际标准和 GB/T 24353《风险管理原则与实施指南》国家标准，由经验式无标准作业为主向标准化处置作业方式转变。

4. 开发可视化工具

为实现风控可视化，G 公司搭建了"组件 + 流程 + 业务生成"的全流程可视化业务生成模式，针对个性化业务实时展示风控模型预警图形。

5. 开发定制化的领域风控模型

G 公司构建了上百个专业领域的风控预警模型，涵盖招标、采购、销售、工程、财务、合同、原燃料验收等环节，可以判断"人员""事件""单位"的风险等级，比如，利用招标及采购模型的搭配组合判断供应商各维度的风险等级。该模型会根据风险评估结果的严重程度进行处理，对处于萌芽状态的风险自动进行风险提示与预警，防止风险和损失进一步扩大，同时还可以精准发现问题或线索。

数字化风险预警系统的开发和使用，让 G 公司的风控决策依靠个人经验判断的比例降至 30%（以前为 70%），重大风险点数在两年内降低 50%，基于预警系统的追损、挽损以及精准预测等为公司创造效益突破 1.5 亿元。这样的技术方法和工具，成功提升了 G 公司的风险感知、报警和处置能力，为战略的制定、实施和调整提供了有力支持，确保了企业的稳健经营。

第四节　机制优：盘活资源生成能力的引擎

生成式能力的出现和提升，必须有好的机制做保障。因为能力最终体现在人身上，而人的主观能动性和能力成长又受到机制的强烈影响。机制的好坏，直接关系到企业资源的盘活、内外的协同以及人的积极性迸发。

生成式能力工程建设要做到三点：一是能力要"长得出"，二是能力要"留得住"，三是能力要"用得好"。所谓长得出，是指企业要有持续的新能力来源；所谓留得住，就是能将新生的能力留在企业内部，成为组织记忆，而不是跟人走；所谓用得好，则是指企业各部门之间要做到能力一盘棋，不能出现过大的能力差距，否则就会错乱。

要达到上述三类目标，企业必须建立相应的机制。根据笔者的实践和对相关企业的研究，企业在这方面至少需要三类机制：一是人员激励机制，二是知识管理机制，三是跨部门/跨企业联动机制。

1. 人员激励机制

人员激励机制的核心是通过物质或非物质激励的手段，激发出人员的主观能动性和创造性，形成持续不断的生成式能力的来源。

2. 知识管理机制

知识管理机制的目的是把生成的新能力经过显性化处理后形成知识并固化在企业内部，形成可重复使用的知识库。这里必须强调，知识本身就是一种能力，尤其是暗默性知识是企业具备的其他人难以模仿的能力。

3. 跨部门 / 跨企业联动机制

跨部门 / 跨企业联动机制则是为了确保能力在企业各部门间以及不同企业之间的统一联动与协同提升。

在具体落地的三种机制中，不同企业有不同的做法，采用不同的工具。比如，单就人员激励机制来说，有的企业侧重物质奖励，有的侧重精神奖励；有的以股权方式，有的则以奖励方式，还有的企业持续给员工提供发展舞台……无论如何，不同企业要根据自身情况与条件选择恰当的激励方式。

下面让我们来看几个代表性的案例。

【案例 7-9】某新能源汽车上下游联动机制

某新能源汽车企业在进入商用车领域时，由于是行业新进入者，缺乏行业认同，如何与行业的传统在位者竞争，如何通过差异化优势获得行业红利，成为公司领导思考的重点。经过调研和分析，公司领导提出变革商业模式，从原来简单的造车买车，变为上游制氢（新能源来源）、中游造车、下游服务（租车及城市配送服务等）的全价值链模式。

要达到这样的目标、形成面向新商业模式的能力，公司采用了一套新型机制，具体包含两个方面。

1. 实施高管股权激励

针对上游制氢、中游造车、下游服务环节，各自成立一个独立的公司，给公司高管股份激励，让高管以内部创业员工的心态和方式推动各自业务的快速发展；

2. 推行合作方上市计划

针对产业链的相关供应端、销售端、金融端、政府基金端等机构，为获得其长期支持和信任，该公司推出"合作方上市计划"，不只是与这些机构形成传统的业务合作关系，而是形成资本层面的深度绑定关系，让其成为股东，不但在产品市场层面与公司共成长，而且能在资本层面享受上市后的资本增值收益，实现产品与资本双重的战略合作，真正形成命运共同体。

上述机制实施的收效良好，一方面让内部的各个实体公司实现快速发展，公司内部各部门间的协同推进较好；另一方面让该公司在行业中迅速站稳了脚跟，得到供应商、销售商、金融机构的大力支持，通过机制变革推动能力的生成在这家公司体现得异常充分。

案例 7-9 中企业采用的机制主要是人员激励机制和跨企业协同激励机制，下面这家农业企业的重点则是通过知识管理机制将创新研发突破的能力完整留存在企业内部。

【案例 7-10】某农业企业的创新研发与知识管理机制

该农业公司（以下简称"K 公司"）一直从事西红柿的研发、生产和销售。然而，包括西红柿产业在内的我国农业产业，面临的一个痛点问题就是种苗的"卡脖子"技术问题。

为解决西红柿种苗受制于国外的问题，K 公司采用了创新研发与知识管理的双重方法。

1. 推动创新研发，突破"卡脖子"技术

K公司建设了西红柿智能育苗工厂和育种研究院，投入大量人力和财力，开展了持续深入的创新研发，通过"两条腿"走路：一方面，公司引入欧美先进设施园艺技术，多次组织团队进行考察交流，根据国内实际情况进行适应性改进和突破；另一方面，为了实现技术落地转化和创新突破，公司通过自主创新，大力投入科研经费、实施科研创新和技术攻关，建立企业种质资源库和收集全球优良品种表型分析数据，充分利用分子标记、航天诱变、全基因组选择等先进育种技术开展高效育种科研项目，结合十年选品经验根据市场需求引导品种选育和产品开发。与此同时，该公司进行成果保护，获得多项发明专利、实用新型专利和软件著作权，参编团体标准、发布企业标准、申请植物品种权等，取得了丰硕成果，企业的专业能力大为提升。

2. 开展知识管理，形成能力的知识资产

为了将这种来之不易的能力固化在企业内部，形成企业知识资产，K公司建立了一套完备的知识管理机制：

1）引入专家合作，注重知识积累与分享

K公司坚持与国内外专家进行深入交流合作与问题研讨，定期开展技术交流会议，通过不断学习国际先进种植技术，结合国内现状与生产问题，总结并建立总司经验知识库，同时在每月技术交流会上鼓励技术人员进行经验分享、交流探讨，践行共享阳光、分享硕果的企业文化，共同进步。

2）实施复盘迭代，总结经验教训

K公司技术团队坚持每月度复盘、每季度分析、每产季总结研讨。多年来，技术团队积累了成千上万条的经验教训，在挫折与汗水中成长、在胜利与鲜花中提升，这些经验与案例是公司实现规模化扩大的基石，更是企业发展的宝贵财富。

3）经验知识具象化，落地技术标准与作业流程

K公司通过总结实际生产经验、梳理研发成果、明确操作流程、标定判断条件、引入对比依据，将多年园艺技术知识和实际生产管理重点结合，编撰了多种形式的专有技术资料和种植技术标准、录制了学习视频，并将相关资料作为企业管理标准化的参考依据。K公司现已建立技术标准100项、专有技术2000余项、主框架流程30余个、支持流程100余个、标准作业指导书100余个，覆盖从温室定植、农事操作、采收、环境控制、水肥、植保、加工、销售等各个环节，已实现技术标准化、农事工业流程化，为公司的模式实现全国推广和多基地管理奠定了标准化基础。

上述机制让K公司受益颇多。通过技术标准化和建设经验知识库，公司的可持续竞争力显著提升，为企业规模化发展奠定了基础，形成了完善的技术新人到技术成手的流程化培养，建立了人才晋升机制，为企业扩张持续输出人才，更有利于提高人员稳定性；同时通过明确农艺操作、温室运营管控、水肥调配、病虫害植保等环节的流程、策略等标准，实现了农业标准化，也避免了人员个体判断或操作失误导致的规模性损失，更降低了农药肥料等农资的投入成本。

不论哪种机制，目标都是为了生成能力、发展能力、留存能力、利用能力。企业只要把握了这个初心，就会根据自身实际情况制定和实施相应机制。

附 录

标杆案例：J 公司的生成式能力工程建设

本案例是 J 公司系统实施生成式能力工程建设的全景回顾和做法介绍，可以为相关企业提供启发和借鉴。J 公司是一家具有悠久历史的地方科技制造型国有企业，进入新时期后面临着全面提升竞争力、实现高质量发展的重要任务。为此，公司领导借助生成式能力工程的概念和方法稳步推进全公司现代化能力建设，整体收效良好。

一、能力工程化扫描：需求、竞争与发展扫描

1. 市场需求扫描

在需求方面，J 公司面临甲方需求的重大转变：从单纯交付装备到交付的装备要管用、好用、耐用、买得起，即从"造得出"到"造得好"。这样的需求变化直接影响到 J 企业产品装备的研制、建设和使用保障的全生命周期，要求企业必须具备快速响应和体系化关键能力，传统的能力边界必须进行扩展，所有业务和职能部门都必须具备专业化、体系化的能力。然而，公司领导意识到，长期以来公司人员观念、技术研发、生产组织模式、质量和成本管理等难以适应装备交付新的需求，必须通过改革提升产品的体系化运作能力。

2. 行业竞争扫描

在竞争方面，从 2019 年开始，甲方的采购机制和定价方法发

生重大变化。一是在招标立项环节实行竞争性采购，至少有两家以上单位参与竞价。二是定价方法从成本加成法变为议价法，这对企业的成本控制能力提出更高要求。因此，提质降本增效和强化竞争成为行业的主旋律。面对日益激烈的行业竞争，产品必须具有市场竞争力才能生存。公司领导层意识到全员能力不足是最大瓶颈，必须从提升能力入手进行一场大变革，改善整体的生产经营管控水平。

3. 高质量发展扫描

在企业高质量发展方面，一方面作为地方国有企业，当地政府对J公司的要求，从原来重点关注规模效益增长，到经营规模、经营质效、经营风险全面关注，陆续提出资产负债率压降指标、两金规模压降及周转指标、纳税目标、研发投入占比等考核指标，同时明确要求探索体制创新、激励机制创新、技术创新。如何做大做强、实现地方国有企业的高质量发展，成为摆在公司领导面前的一道难题，提升能力成为破局关键。另一方面，公司经营压力也骤增，开门费从2019年的206万元/天上升至2020年的253万元/天。如何在固定成本快速上升的同时，还能保持发展和盈利，要求企业必须在经营和管理上狠下功夫，提升全员能力是第一要务。

二、工程化分析：能力分解与确定质变点

1. 达成能力共识

J公司针对企业内部对能力建设认识不一致的情况，通过全厂大讨论的方式达成能力建设共识、形成总体思路。

2019年3月，J公司由董事长挂帅、各经营部门参与成立专项

工作组，对 17 个部门展开一对一调研，发现能力意识淡薄、活力严重不足、部门协同性差等问题。随后，通过走访主管部门、关键客户，摸清外部相关方对企业的能力需求。针对问题和需求，公司用 3 个月时间召开三次全体干部＋核心骨干大会，通过企业高管授课培训、中层干部与核心员工撰写心得、全员行业对标学习等方式，展开能力建设大讨论，分析能力差距。方案初步形成后，由 7 名公司领导给 400 名员工分别授课宣贯。同时，由综合管理部牵头在全公司宣贯"现代企业"理念，并在 2020 年 4 月出台企业文化手册第一版，将企业文化执行率与组织绩效、个人绩效直接挂钩。上述措施在广大干部职工中树立起能力建设的明确导向。2019 年 9 月，公司确立开展能力建设全面提升竞争力的总体思路。

能力建设是一个长期过程，需要制订系统计划。在达成能力共识后，J 公司又提出"三步走"规划。第一步是 2019 年的探索期，以问题为导向，找能力短板、补弱项；第二步是 2020~2021 年的改进期，以结果为导向、倒逼能力提升；第三步是 2022~2023 年的跃升期，对标先进、精准发力。每个阶段设置量化目标，用五年时间实现能力和竞争力明显提升。

2. 进行能力分解、确定质变点

J 公司紧紧围绕甲方要求，将企业竞争力划分为按时交付竞争力、可持续交付竞争力、高质量交付竞争力、低成本交付竞争力四类。随后，根据调研发现的各部门能力薄弱环节，J 公司采用"识别业务域→细化业务能力→凝练关键能力→寻找共性支撑"的方法进行能力分解。首先，结合公司战略和业务价值来源，识别出 15 个业务域；其次，针对各业务域工作所需能力进行分解，细化出 30 项业务能力；再次，从价值创造和职能支撑两个维度，从 30 项业务能力中抽练出 4 项关键能力，即快速研发能力、柔性保障能力、全域质量能力、精细控本能力，分别对应于按时交付竞争力、可持续交付竞争力、高质量交付竞争力、低成本交付竞争力；最后，从数字化改造、形成数据与业务职能活动强关联强支撑角度，提出数据贯通赋能的思路。J 公司的能力分解示意图详见附图 1。

3. 组建能力团队

基于关键能力分解和能力规划，J 公司电器 2020 年 2 月制定发布《能力体系建设整体实施纲要》，明确能力建设的"1+6+X"组织模式，"1"即成立 1 个总体组，由公司一把手挂帅，抽调业务及管理骨干，负责能力建设整体架构设计、路径规划及效能评估等工作；"6"为可能涉及的六大业务牵头部门，由公司业务分管领导牵头，聚合业务归口单位，开展归口能力建设工作；"X"为能力建设工作专项组，由各部门负责人组建，以跨部门项目组形式，落实工作行动项。同时，按照能力建设与组织适配的原则，新成立综合管理部、装备制造中心、项目管理中心、运行保障中心等部门，调整企业技术中心办公室、质量流程体系部等部门职责。公司将人力资源中心纳入综合管理部，同时负责组织绩效和员工绩效考核工作，打通能力建设绩效评价存在的部门瓶颈。

三、工程化解决：能力行动方案

1. 借鉴先进工具，确定能力建设方法路径

J 公司借鉴某质量管理体系标准、卓越绩效管理等框架和方法，结合自身情况和特点，科学提出能力建设方法路径。

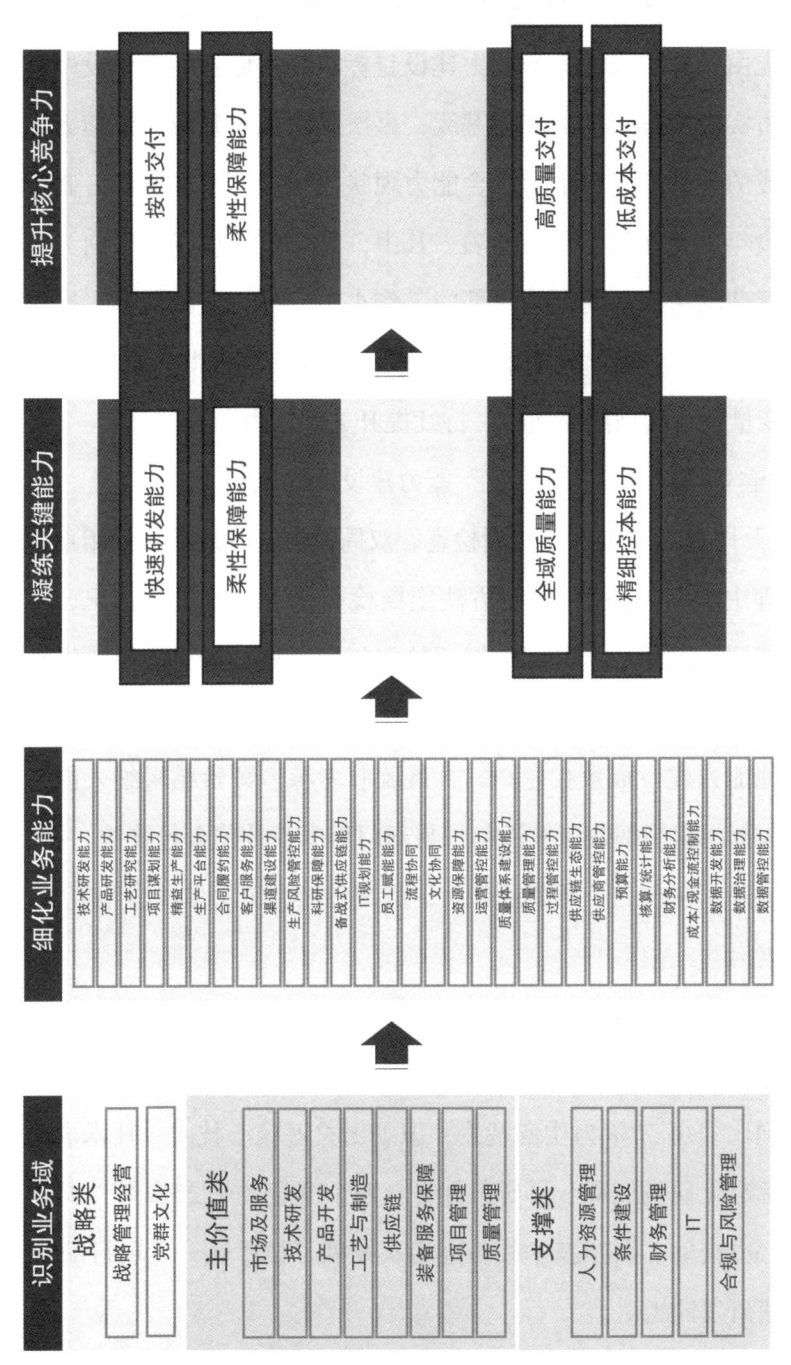

附录 标杆案例：J公司的生成式能力工程建设 | 165

附图1 J公司的能力分解示意图

1)推行"目标 – 基线 – 变量 – 行动"能力建设方法

首先由总体组设定关键能力建设目标;其次由各能力建设牵头单位解析实现目标所需的能力基线;再次瞄准能力基线、识别影响能力生成的关键变量;最后结合能力现状寻找提升改进机会,制定能力建设年度工作目标和行动项。其中,能力行动项以项目制为抓手,由行动项牵头部门组建跨部门工作小组,进行资源配置、推动行动项落实,并将输出成果固化进制度、标准、流程中。通过目标、基线、变量及行动项层层递推,持续提升关键能力。

2)建立"检、评、考、提"能力建设评估机制

"检"即日常检查,通过周检查、双周调度、月总结,使用卓越绩效管理中的 ADLI 过程检测方法定期检查能力建设推进情况、调整资源部署。"评""考"即中期评估与年度考核,针对能力建设整体推进情况进行复盘总结,纵向对标年度建设目标找差距,横向对标与其他能力建设成效找差距,开展验收考核。评价结果纳入能力建设牵头部门组织绩效考核清单,与部门年度绩效奖金包挂钩。"提"即复盘提升,在前三个环节基础上,组织各能力牵头单位总结复盘,加强改进提升。

2. 开展技术跃升专项行动,形成快速研发能力

按照能力建设方法论,J 公司基于按时交付的目标,以平均研发周期同比缩短 50% 为质变基线,识别出关键核心技术、技术成果复用、标准化研发流程、科研条件平台四个变量,于 2019 年 7 月由技术中心办公室、科学技术委员会牵头开展"技术跃升专项行动",培育快速研发能力。

1）提前开展关键技术研发储备，快速满足新品需求

J 公司通过靶向创新，推动关键技术提前研发储备。公司瞄准制约重点型号产品开发的瓶颈难题和前沿技术需求，制定技术发展规划及关键共性技术路线图，先后发布多批次八十余项预研课题指南，组织技术创新中心、各事业部及装备中心的工艺研发团队进行攻关，有效支撑了 20 余项重点新产品研发，其中 10 余项技术水平达到国内领先、国际先进。

2）推行共用基础模块（common building blocks，CBB）建设，实现技术复用、模块共用

为避免重复研发，J 公司启动 CBB 建设论证（CBB 指可以复用的技术基础模块），研究制定《CBB 开发及货架管理规定》，全面开展 CBB 梳理及入库评审，初步构建 CBB 资源库。同时，对入库 1 年及以上未使用的 CBB 组织开展原因分析、考核和清理退出，基于 TC 系统搭建技术资源共享平台，实现 CBB 货架化管理。公司对当年入库的 CBB 及使用的 CBB 进行奖励，最高入库奖励 10000 元 / 个，对使用人和持有人分别给予 500~1000 元 / 次、1000~2000 元 / 次不等的奖励。

3）推动设计流程标准化，提升研发效率

为减少因设计失误带来的研发周期不可控问题，J 公司分两步推动设计流程标准化。第一步是制定《产品开发手册》，对产品开发业务活动进行标准定义；第二步是以"揭榜挂帅"方式激励独立团队牵头制定"专业设计指导手册"，固化设计要求、开发流程、设计规范、设计检查、测试要求等，最终形成硬件（结构）、软件、工艺等三大专业领域 6 个专业方向的设计指导手册。随后，公司通过对设计

师的定向指导和多轮培训，推动产品设计指导手册的推广应用。

4）升级科研条件平台，提高创新能级和研发响应速度

J公司遵循"能建尽建"的原则，将创新平台建设作为关键能力建设发力点，按照原创技术策源地、创新试验田和打造创新生态的思路开展高能级创新平台申建，相继获批省、部、国家级的创新工作站、创新中心等平台。上述创新载体的建立快速提升了公司的创新能级。

5）引入数字化工具、提升数字化设计水平

J公司先后投资引入TC和启动基于模型的系统工程（model-based systems engineering，MBSE）建设。前者为公司构建了基于三维模型定义的一体化协同设计环境，推进设计和工艺的并行工程，有力支撑了数十项重点型号系列产品开展全三维数字化在线协同研制。后者则为实现研发模式由实物样机研制向数字样机研制的转变，奠定了坚实基础。

上述举措让J公司的研发设计问题下降40%~60%，主要产品研发周期从近4年缩短至2年左右。

3. 开展生产交付难题攻关，提升批产的柔性保障能力

基于可持续交付的目标，按照能力建设方法论，J公司识别出生产模式改善、供应链优化、生产规模三个关键变量，通过多措并举形成柔性的采购和生产保障能力，有效提升可持续交付竞争力。

1）推动生产过程的自动化改造和排程优化，提升按期产出率

围绕多品种、小批量、多批次的生产特点，针对生产效率不高、产能不足、混线生产切换时间长等问题，J公司开始推进自动化制造能力建设工程。一期工程通过自主研发、合作研发等方式，对腔

体类零件精密铣削等关键工艺过程进行自动化、柔性化改造；二期工程侧重测试效率提升和产品生产质量提升，推进自动化测试系统研制。

2）推动建立底层数据库和三级计划，提升管理透明度

J公司构建了基于5M1E分析法（man/manpower意为人员、machine意为设备、material意为材料、method意为方法、measurement意为测量、environment意为环境，5M1E）约束理论的科学计划排产模式，在工艺、工序标准化全贯通的基础上，建立底层的逻辑库、资源库、算法库，计划精确到工序、设备、人员并可柔性调整，削弱插单、故障等导致的影响，提升生产管理透明度。经过努力，公司的计划排程精确到三级，一级计划（公司级）、二级计划（车间级）、三级计划（班组级）。

3）推动元器件统型和供应商关系管理（supplier relationship management，SRM）建设，提升按期齐套率

元器件统型是指对不同类型的元器件进行分类、标记和管理，减少元器件类别，保留需求量大、质量可靠性高的元器件，以此提升按期齐套率。为推动统型工作，J公司成立由采购、设计和生产工艺部门参与的元器件统型工作组，公司首席专家挂帅，开展两期统型：一期是通用标准器件统型，二期是增加非标的协议件统型。为提升按期齐套率，采购部和信息化部牵头，投资对SAP系统和企业资源计划（enterprise resource planning，ERP）系统进行升级，又由采购部与外部软件公司联合开发SRM系统，做到80%的供应商上线系统，实现从需求到谈价、定价、电子合同、电子签章的全线上处理，大幅提升按期齐套调度率。

4）建立战略供方机制，确保优先稳定供应

J公司电器提出建立战略供方机制，旨在精选一批战略供应商保障所需物料的优先供应。为此，公司采购部联合质量部、设计部等相关部门，根据供应商的业务量、重要程度、以往合作情况等，通过两道严格程序筛选30余家战略供应商，采购业务向这些供应商倾斜，以此提升柔性供应能力。同时，公司根据外部环境变化还采用了战略储备机制，对长周期进口器件进行梳理，分三批实施储备。

上述举措让J公司的柔性保障能力显著提升，统型优选比例达到70%，按期齐套率达到95%。

4. 打造全员全业务全流程质量能力

基于高质量交付的目标，按照能力建设方法论，J公司以大幅减少低层次质量问题、新时代质量管理体系和GJB5000B通过四级评定等为质变基线，识别出全员质量制度、全业务质量提升、全流程质量改善三个关键变量，通过打造全域质量能力，有效提升高质量交付竞争力。

1）推行全员质量抵押金制度和质量等级评定制度

为消除全员日常工作中的一般性质量问题（低级错误），J公司质量部设立全员质量抵押金制度，每年将全员工资包总额的5%作为质量抵押金并配比10%的激励奖金。该制度采用积分制，每周100分，每年52000分，按周进行考核，只要不出质量问题每个月月底奖励；出了问题即扣分，累计到年底处罚。从第二年开始总积分降低30%，理想目标是到2027年彻底消灭日常工作中的低级错误。

此外，J公司为实现员工、班组和部门的质量管理全覆盖和管理激励推出质量等级评定机制,通过量化积分考核,评选质量等级产品、星级员工、星级班组、星级部门,共分三个等级产品和五个星级的员工、班组和部门,星级评定直接与考核奖励挂钩。

2)实施关键业务质量提升工程

J公司聚焦设计、制造、检验等环节,启动关键业务质量提升工程。在研发环节,重点抓关键技术设计、工艺、质量评审;在生产制造环节,制定《新产品试制控制程序》《生产技术准备状态检查》等系列制度,对批量生产产品的特殊过程、关键过程设置质控点,提高产品制造质量;开展检验试验数字化设备升级改造,打通工控网与内部网络。此外,建立以产品质量数据物料清单(BOM)为主线的产品全生命周期产品数据中心及覆盖质量业务全流程的智慧质量管理系统,实现主要产品试验及检验数字化、主要质量业务数字化。近年来,J公司低层级质量问题每年下降50%以上。

5. 推进全流程质量改善

J公司采用组件化业务模型(CBM)模型对所有业务活动进行分类分层,形成十余个流程域的近600个标准流程组件的流程库,确保业务流程规范运行。同时,将质量管理向需求、采购和售后服务端延伸。在需求质量管理上,制定《营销项目线索到订单阶段运作流程》等二十余份流程文件,建立客户管理系统(CRM)实现对顾客信息的管理。在采购质量管理方面,出台《供方评价和选择控制程序》《"飞行"检查实施细则》等10余项供应商质量管理制度,通过供应商评级、联合质量问题归零、供应商大会等方式向供方推广先进质量管理模式。在售后质量管理方面,设置2条7×24小时服务电话,提供质量保证期和产品全寿命周期保障服务。

推动全域质量能力建设后，J公司的供方交付产品故障率累计降低40%，低质量造成的重新采购率从0.38%下降到0.19%，批产生产各环节直通率提升6%。

6. 基于业财数据融合推动成本管理优化，培育精细控本能力

基于低成本交付的目标，按照能力方法论，J公司设定了精细控本的能力目标，识别出产品目标成本管理覆盖率、净资产收益率等基线指标，确定低成本设计、采购成本控制等关键变量，通过实现业财数据融合，培育精细控本能力，有效提升低成本交付竞争力。

1）引入业财一体化系统，实现成本可视、精细管理

J公司引入某软件公司对SAP系统进行定制化开发升级，上线业财一体化系统，全面打通了TC、MES等业务系统和财务系统接口，实现财务部门和业务部门的数据贯通。合同、交付、回款、BOM生产领料等数据直观呈现，实现了成本"算得清"目标，过"项目/产品一本账"做到按产品、按单核算收成本，为财务部门提供了成本精细管理的数据基础。

经统计，引入业财一体化系统后，财务核算精细化程度同比提升40%。

2）构建全流程成本管理指标体系，倒逼牵引业绩改进

J公司财务部以公司"经营五有"目标（投资有回报、经营有增长、经营有利润、经营有效率、经营有资金）为起点确定一级指标，在年度全面预算过程中，对全流程关键环节成本管理目标进行层层分解，设置成本管理标准，并将其设计进公司"一部一策"的绩效考核中，牵引业务行为。比如，为实现"经营有利润"目标，财务部门首先确定销售利润率为一级指标，将其分解为产品毛利率、

期间费用率等二级核心指标，逐层分解，建立从财务指标穿透到业务指标的降本指标体系，末级指标必须与关键业务挂钩。根据关键业务确定年度降本工作重点，各责任部门根据业务降本指标制定二级降本方案。例如，工程事业部要求统型物料领用占比提升 10% 以上；采购中心设置采购降价 5000 万元以或者降价幅度超入库额的 5%；生产部门设置存货压降指标，整体存货规模降低 5%，呆滞积压降低 15%。

3）推行精细目标成本管理

J 公司从"成本加成获利"的思路转变为"围绕目标价格开展成本设计"，全面推行精细目标成本管理。一是成立价格委员会，根据多种因素确定目标价格，按目标利润倒推出目标成本。二是由财务部价格中心和科研项目团队将目标成本分解，确定每个模块材料费、工时费及分摊的期间费用。三是设立追踪机制和一票否决机制，由价格中心进行成本测算跟踪和成本控制。如果项目团队的实际成本与目标成本差距超过警戒值，即发出预警，直至目标成本达标。对无法达到目标成本的项目，价格委员会不予通过，也无法进入批产立项阶段。

上述举措让 J 公司的销售利润率从能力建设前的 3.12% 提升至 4.41%，净资产收益率从 6.77% 提升至 8.15%，控本能力有效提升。

四、工程化难点：推行绩效牵引的部门协同机制和员工激励

1. 绩效牵引的部门协同机制

为改变以往绩效考核只与回款率挂钩，导致考核不精准，很多

部门搭便车，部门之间缺乏相互制约的不利局面，J公司基于卓越绩效的过程评价和目标评价方法，制定绩效牵引的协同机制。

（1）原来公司采用的办法制定针对各部门的KPI指标，平均每个部门10余项，目的是克服单一指标的不足。这种方法虽然提升了评价准确性，但上下游部门的KPI指标间仍然缺乏关联。后来，J公司围绕产品主价值，优化提炼出每个部门1~2个核心KPI指标，通过该指标嵌入到主价值链的实现过程而将上下游部门紧密关联。比如，采购部门的KPI指标从之前的11项凝练为1项核心指标：按期齐套率。以前该指标由采购部门自己设定，现在则由下游生产部门统计并给出数据指标，最终也由生产部门对采购部门的核心KPI指标进行检查考核。通过这种方法，J公司实现市场、研发、采购、生产、质量、检验检测、交付、售后服务等主价值链业务部门的上下打通。

（2）为打破业务单元和职能处室间的"部门墙"，J公司提出周边绩效打分法：每个月由业务单元给周边部门绩效（包括管理部门、职能部门）打分，该分数会影响各周边部门月度绩效的结果，最终影响月度和年度奖金。后来，该方法又升级为业务单元和职能部门的双向打分，同样影响月度奖金和年度奖金的发放。

部门协同办法实施后，允许部门绩效得分超过100分的情况，即薪酬"上不封顶"。比如市场部门就出现过120分，这使得部门奖金激励大幅提升，对部门活力的激发影响巨大，同时也大幅提升部门间的协同性。

2. 推动"收入能增能减"的全员激励机制，激发员工活力

为激励员工积极参与和推动现代化能力建设工作，从2019年

开始，J公司推行薪酬改革，制定"职级工资+月度绩效+年度绩效"的薪酬结构。其中，公司领导的薪酬结构与年度绩效挂钩部分占80%，中层干部占50%，普通员工的月度绩效占20%、年度绩效占20%，形成一种与绩效深度绑定的薪酬结构，解决传统以岗位技能工资为主、与绩效挂钩不足的问题。同时，J公司在2019年推行任职资格体系，即以岗位为核心设计任职资格体系和职业上升通道，比如，设计师岗位从助理设计师到设计师、副主任、主任、副总师、总师，让员工有明确的奋斗方向且上不封顶。按照这种体系，走专业技术职级的员工可以拿到比管理干部更高的工资、做到比以往更高的技术职级。

除了薪酬结构和任职资格体系改革外，J公司连续4年出台近20项激励文件，从科技奖、质量奖、专利奖到降本增效奖，从大创新奖到小改小革奖，从本部员工奖到异地工作人员奖，从业务单元奖到职能支撑部门奖，从月度奖、季度奖到年度奖，从通用奖到专项奖，实现奖励的全方位覆盖。奖励分两个等级：部门级奖励（按月发放）和公司级奖励（按季度发放），额度从最低200元/次/人到2000~3000元/次/人，针对项目团队的激励最高可以到100万元。以科技创新奖励为例，自从能力建设工程开展以来，J公司累计奖励创新近2400万元，员工的奖励金额最多可以占到个人全年收入的30%。同时，为了让奖励评价变得更为客观和规范，J公司采用卓越绩效中的过程评价方法ADLI和结果评价方法LETCI。采用该方法后，虽然申奖数量有所下降，但评奖质量大幅上升。

五、工程化成效：能力底座与全域韧性

J公司用工程化思维进行了富有成效的关键能力规划和建设，初步打造了能力底座，形成了快速研发能力、柔性保障能力、全域质量能力和精细控本能力，全域韧性初步形成，企业的核心指标数据改善明显，产品的体系化运作和生产经营管控取得长足进步，全面增强了"按时、可持续、高质量、低成本"的交付竞争力。附表1是J公司关键能力指标对比。

附表1 J公司关键能力指标对比

类别	指标名称	建设前	建设后
快速研发能力	主要产品研制周期	4.34年	2.35年
柔性保障能力	按期产出率	70%	85%
柔性保障能力	按期齐套率	80%	95%
全域质量能力	一次交验合格率	97.44%	100%
全域质量能力	质量损失率	0.68%	0.19%
精细控本能力	销售利润率	3.01%	4.51%
精细控本能力	净资产收益率	6.57%	8.25%

J公司关键能力的提升得到了客户认同，形成了一套具有较强科学性的国企能力建设方法：一是关键能力与业务域的映射分解工具，以及跨部门的能力建设专班制；二是激发活力的机制变革措施，建立了有效的部门协同机制；三是"目标 - 基线 - 变量 - 改进"的能力建设方法，以及"检、评、考、提"的评估改进工具。这些方法激励人、技术控、机制优的特点很明显，对同类企业的能力建设和国有企业改革具有较好的借鉴价值。

通过能力建设全面提升竞争力，J公司的经营业绩也得以快速提升。经营规模明显增长，自能力建设工程实施以来，J公司的利润总额累计增幅107%。销售利润率从3.12%增长到4.41%；净资产收益率从6.57%增长至8.25%。

后 记

能力生成，让你我长青

能力生成是一个摄人心魄的词，体会它的独特之美、抓住它的精髓之道，是这篇后记想写的唯一内容。

华为最主要竞争对手思科（CISCO）的总裁钱伯斯一直在探索一个问题，如何保证企业基业长青。在他看来，高科技公司的宿命就是无法跟上潮流，在不知不觉中被打败。为此，企业必须在活得好时投入巨大精力对各种前沿技术进行试错。事实上，华为的任正非同样也在探索基业长青这个问题。最后两家企业得出一个共同的结论，必须从企业内部寻找动力来源。

那么，这个动力来源是什么？就是不断从企业内部长出新的能力、为客户生成新的价值。这是一种源源不断更新自己、保持长青的机制。拥有了这样的能力生成机制，至少能保证企业在遭遇困境时不慌不乱，更具备了在迷茫中探索一条新路的底气。

最终，思科选择了一种"拆合"式的内部创业机制，鼓励在传统严密的研发创新体系之外，由员工提出创意并成立独立团队开展新业务创业，如果成功员工可以获得巨额回报，如果失败也不用承担资源和资金损失，而由思科承担。这种方式让思科在激烈的竞争中，不断在细分领域发现新的业务领域和竞争蓝海，常创长新。

华为则采取了两条腿走路的办法。一方面，华为确立了三个

"地平线"的未来业务组合战略，即守住核心业务，为企业带来当下的现金流；推动成长业务，当机会窗口打开以后，能快速抢占市场的业务；布局新兴业务，即现在花钱无法带来收入和利润，但必须要做的业务如果没做，三年或五年就没船票了，会错失这个领域的发展机会。另一方面，华为通过内部的哈勃资本，广泛投资了产业链、供应链、创新链上的关键配套企业，通过创投的方式保持与外界的深度链接与生态活力。

不论是思科的员工内部创业机制，还是华为三个地平线业务战略与公司创投方法，都让自身具备了一种生成式能力的有效机制，用底层逻辑不断防止岁月的侵蚀、穿越周期的成长、顺应变幻的环境、赋能企业的可持续强劲发展。

一个不具备生成式能力的企业，即便再辉煌，最终也会被淘汰；一个具备生成式能力的组织，即便遇到暂时的困难，也能东山再起。

事实上，除了企业要基业长青，每个人更要让自己长青。当然这种长青不只是体保持身体的年轻态，更重要的是思想的更新、认知的提升和面对挫折打击时不屈的信念与韧劲。

很多人十年不见，你再见他时会依然觉得他的一切如旧，这并不是一种所谓的"稳定"，而是没有更新自己、缺乏与时俱进，你对他一眼就能看透。然而，有些人几个月不见，你会发现他的功力在不断提升、眼睛闪光、思想活跃、观点新颖，活脱脱像换了一个人。跟这样的人在一起，你必定感到正能量无限，启发无限，吸引力无限。

笔者从大学体育课800米跑不下来、排名班级倒数第一，到每天跑五公里、带动周围的人一起坚持数年，悟出一个道理，每个人都蕴含着持续发展的潜能，而非注定止步于现状。真正的成长源于内在能力的不断锤炼与提升。

个人的持续成长并非易事，它需要的是适应性成长和创新性成长。其中，适应性成长讲的是个体与时俱进、适应新的外部环境，不断汲取外界的信息并将其转化为自身的能量；创新性成长讲的则是个体不断通过创新试错找到最适合自己的成长路径，这种成长是最难也是最耗费心力的。然而，积极向上、奋力向阳的成长，才是宇宙、组织和个体的大道，不经历这样的过程，如何实现个人的提升。

不论个体或组织，获取生成式能力都是一件看着无比美丽实则熬人痛苦的事，必须付出时间、投入精力、讲求方法。

付出时间是需要个人投入宝贵的时间，用一个周期甚至几个周期的时间长度去触摸能力生成的样貌，这些时间投入在短期内不会产生任何收益，但会让你的内力显著提升；投入精力则需要投入个人的脑力，通过实践去琢磨和发现生成式能力背后的规律，它比投入时间的难度更大，同样也不会有立竿见影的成效，但会让你获得更多以前不曾有过的成长体验；讲求方法则需要一颗理性的头脑和科学的方法，让能力生成有方法可依、有工具可用、有踪迹可循，而不是拍脑袋或凭直觉去推动，那样只会耗尽宝贵的时间、稀缺的精力，最后发现没找对路径。

时间、精力与方法，就是帮助我们打造生成式能力的三把钥匙。然而，要把这三把钥匙融合到一起，打开一扇通往能力生成的光明之门，还需要一样很特别的东西，就是忍耐。

忍耐的别名就是"延迟满足"，克制短期的欲望、拉长满足的时间点、体验更有内涵的满足，是让自己具备能力生成的必要条件。

我们虽然整日在商界里打拼、在竞争中生存、在压力中喘息，但再多的烦琐之事也不能阻止我们对能力生成的渴求，对长青之道的探求。长青的一定不是年龄，而是一种文化和信念；长青的更不是利益驱动的行为，而是追求卓越的人性使然。当我们想让自己长青时，不妨想想这五个字"生成式能力"，也许你就有了新的方向。

以上，便是我们对生成式能力的全部理解。

程旗　袁瑞敏　顾辉

2024 年 12 月 27 日

参考文献

[1] 吴哲.重新认识"工程"概念[N/OL].中国社会科学网-中国社会科学报,2022-03-22[2024-05-07].https://www.cssn.cn/skgz/bwyc/202208/t20220803_5467129.shtml.

[2] MOTEJR C D.21世纪工程领域——重大挑战与重大挑战学者计划[J/OL].工程(英文),2020,6(7):728-732[2024-05-03].https://doi.org/10.1016/j.eng.2020.06.001.

[3] 殷瑞钰.工程演化论[M].北京:高等教育出版社,2011.

[4] 夏泽融.中国古代大型建设工程管理思想分析[J].中国市场,2012,19(23):34-35.

[5] 何继善.中国古代工程建筑特色与管理思想[J].中国工程科学,2013,15(10):4-9.

[6] 习近平总书记在庆祝中国共产党成立100周年大会上的重要讲话[EB/OL].(2021-07-15)[2024-05-07].https://www.gov.cn/xinwen/2021-07/15/content_5625254.htm.

[7] 熊彼特.经济发展理论[M].上海:商务印书馆,1990:73-74.

[8] 任正非.任正非在2000名研发将士出征大会的讲话.[EB/OL].(2016-10-29)[2024-05-07].https://news.sohu.com/a/117615307_499002.

[9] 德鲁克.管理的实践[M].北京:机械工业出版社,2009.

[10] 黄卫伟.以客户为中心——华为公司业务管理纲要[M].北京:中信出版集团股份有限公司,2011.

[11] 沙因.组织文化与领导力[M].北京:中国人民大学出版社,2011.

[12] EISENHARDT K, MARTIN J.Dynamic capabilities:what are they?[J].Strategic Management Journal,2000,21(10-11):1105-1121.

[13] HAMEL G, HEENE A. Competence-based competition[M]. Hoboken:John Wiley & Sons,1994.

[14] PRAHALAD C, HAMEL G.The core competence of corporation[J].Harvard Business Review,1990,69(5-6):79-93.

[15] 王卓甫,丁继勇,杨高升.现代工程管理理论与知识体系框架(一)[J].工程管理学报,2011,27(2):132-137.

[16] 李怀祖.管理研究方法论[M].西安:西安交通大学出版社.2004.

[17] 张文彬,蔺雷.跃升:企业打造新质生产力的高端化升级路径[M].北京:企业管理出版社,2024.

[18] 泰勒.科学管理原理[M].北京:机械工业出版社,2007.

[19] 何继善,陈晓红,洪开荣.论工程管理[J].中国工程科学,2005,7(10):5-10.